Dedicatoria

*A mi madre, María Chamula de Panasiuk, y mi
hermana, María Ester Panasiuk, las primeras personas
que me mostraron el sendero que me llevó a beber del río
de la vida abundante.*

Una carta personal...

Todos queremos lo mejor para nuestros hijos: queremos que tengan un estudio mejor, un trabajo mejor, una vida mejor, un futuro mejor. Deseamos que no pasen las necesidades que nosotros pasamos ni cometan los errores que nosotros cometimos, especialmente en el área financiera.

Sin embargo, muchos de nosotros, en nuestra niñez, no vimos en casa el ejemplo de cómo educar financieramente a los niños para que sean más prósperos que nosotros.

Luego de leer hace muchos años el libro de Lawrence Harrison titulado: *El sueño panamericano*,[1] me convencí de que, si queremos que la siguiente generación sea más próspera que la nuestra, el trabajo debe comenzar en casa, desde la niñez.

Cómo nos comportamos y las cosas que les decimos a nuestros hijos hacen una gran diferencia en sus vidas. Las herramientas que les damos mientras aún están en el seno del hogar y las ideas que colocamos en sus mentes cuando todavía son maleables hacen la diferencia entre la vida y la muerte económica.

Este libro es tu mapa, tu guía, tu brújula. Las ideas que voy a compartir contigo son ideas probadas en el tiempo. Funcionan. Créeme.

Nosotros tenemos dos hijas mujeres y un varón. Nacieron en 1990, 1993 y el año 2000, respectivamente: dos mileniales y uno de la Generación Z. Mi esposa y yo sabemos lo que funciona, lo que no funciona, y cuál es el impacto en la vida de nuestros hijos de las ideas que aprendimos de la mano del doctor Larry Burkett cuando nos encontramos con sus materiales a finales de los años 80.

Rochelle y yo agradecemos también el habernos cruzado en el camino de la vida con el doctor Howard Dayton y su esposa Beverly, quienes nos influenciaron aún más profundamente en lo que respecta a los conceptos e ideas que compartiré contigo a lo largo de estas páginas.

Si me haces caso, la vida de tus hijos no será igual a la de los hijos de tus familiares y amigos. Ellos caminarán por un sendero distinto, andarán por un camino diferente, valorarán cosas más importantes y tomarán decisiones que los llevarán en la dirección de la prosperidad integral.

Gracias por permitirme entrar en tu vida y la de tu familia. Es un honor compartir la vida de nuestra familia con la tuya. Caminemos en el proceso de potenciar una generación más próspera que la nuestra.

ANDRÉS PANASIUK

Hijos que prosperan

12

PRINCIPIOS PARA QUE
TUS HIJOS VIVAN
MEJOR QUE TÚ

GRUPO NELSON
Desde 1798

NASHVILLE   MÉXICO DF.   RÍO DE JANEIRO

Editora en Jefe: *Graciela Lelli*
Edición: *Liana García*
Diseño: *Grupo Nivel Uno, Inc.*

ISBN: 978-1-60255-933-2

Impreso en Estados Unidos de América
20 21 22 23 24 LSC 9 8 7 6 5 4 3 2 1

Contenido

Historias de pobres y ricos

RICOS QUE SE HICIERON POBRES

A comienzos del siglo veinte unas pocas familias norteamericanas controlaban la mayor parte de la economía del país. La mayoría de esas fortunas se construyeron durante los últimos decenios del siglo XIX y los comienzos del siglo XX: los Vanderbilt, los Stroh, los Carnegie, los McCormick, la familia de J. P. Morgan, la de Charles Schwab, los Du Pont y tantos otros millonarios que dejaron profundas huellas en la vida del mundo de hoy.

A pesar de haber amasado grandes fortunas, no todas esas familias multimillonarias terminaron bien. Algunas de estas fortunas se mantuvieron saludables mientras vivieron los constructores de esos imperios financieros, pero, lamentablemente, se perdieron por completo en las siguientes generaciones.

«Padres ricos, hijos flojos y nietos pobres», dice el dicho popular. Eso tiene algo de cierto. Por lo menos, en la idea de que, muchas veces, las generaciones que heredan riquezas no entienden qué llevó a sus padres y abuelos a la cúspide económica, toman decisiones erróneas, y pierden todo el trabajo y sacrificio realizado con el fin de construir un futuro mejor para la familia.

Me gustaría compartir contigo algunas de estas historias de ricos que se hicieron pobres para que aprendamos ciertas lecciones fundamentales sobre la riqueza a través del tiempo. No necesariamente significa que fueron los hijos o los nietos los que tomaron las decisiones equivocadas, pero estas experiencias nos muestran el tipo de ideas que debemos enseñar en el seno de nuestra propia familia.

Los Stroh

Bernhard Stroh llegó a Estados Unidos desde Alemania a mediados del siglo XIX con unos pocos dólares en el bolsillo y una receta familiar para hacer cerveza. Cuando yo llegué a Chicago, en 1985, la familia Stroh tenía el control completo de la tercera empresa cervecera más grande del país.

La familia controlaba una fortuna de setecientos millones de dólares; si hubiesen puesto ese dinero en la Bolsa de Valores de Nueva York y simplemente los intereses hubiesen seguido el índice de Standard & Poor 500, hoy tendrían la friolera de nueve mil millones de dólares en el banco.[1]

Sin embargo, hoy en día, la empresa Stroh ha desaparecido de la faz de la tierra, y la fortuna familiar se ha ido con ella. Fue víctima de un alto nivel de endeudamiento y una competencia aguerrida en un mercado siempre cambiante.

LECCIÓN DE VIDA:

Enseña a tus hijos a manejar sus compromisos económicos. Enséñales a huir de las deudas como de la plaga. A pesar de que pedir préstamos no es malo; ser suicida sí lo es. Ellos necesitan conocer el principio del compromiso garantizado y lo que significa la presunción del futuro.

Enseña a tus hijos a ser cuidadosos con sus compromisos, pero dispuestos a cambiar con los tiempos. A veces, que algo sea grande no significa que sea mejor. Solo lo *mejor* es mejor. A veces, una empresa grande es difícil de administrar y tiene dificultades para adaptarse. Una pequeña es mucho más versátil y fácil de manejar.

Los Hartford

George Huntington Hartford fundó en 1859 la empresa Great Atlantic & Pacific Tea Company. Esta compañía, conocida como A&P (se lee «A y P»), llegó a ser cien años después la cadena de supermercados más extensa del mundo. Para 1950, A&P tenía dieciséis mil sucursales, ventas anuales por más de dos mil setecientos millones de dólares y, con excepción de la General Motors, era la empresa que más productos distribuía en el planeta.[2]

Esa es la razón por la que, cuando su nieto Huntington Hartford se declaró en quiebra a comienzos del siglo XXI, fue una verdadera sorpresa en el mundo de los negocios. Hartford murió en el 2008, cuatro años después de haberse mudado a las Bahamas para vivir con su hija. Allí, sus ingresos representaban una minúscula porción de la fortuna que la vida había puesto en sus manos y que, a mi modo de ver, él, diligentemente, había derrochado en malos negocios y una vida desordenada.

LECCIÓN DE VIDA:

1. Enseña a tus hijos a ser agradecidos con lo que han recibido y a sentirse altamente responsables por lo poco o mucho que sus padres les han dejado.

2. Comparte con tus hijos hábitos de moderación (ya lo explicaremos más adelante).

3. Debemos entrenar el ojo de nuestros hijos para saber cuáles son los buenos negocios y cuáles no. No todas las buenas ideas son buenos negocios. No todos los negocios que responden a una necesidad del mercado son rentables.

4. Enseña a tus hijos a ser respetuosos con Dios y el prójimo. Esa actitud de respeto vertical y horizontal los llevará a tomar mejores decisiones en la vida.

Los Vanderbilt

Para cuando Cornelius Vanderbilt murió en 1877, los cien dólares que le había pedido prestado a su madre en 1810 para comprar un bote se habían convertido en cien millones de dólares, una de las fortunas más grandes de Estados Unidos de América en esa época. Vanderbilt construyó un imperio en el mundo del transporte, y su hijo mayor, William, lo perfeccionó y expandió. El apellido Vanderbilt es sinónimo de trenes y transporte ferroviario.

Sin embargo, seis generaciones más tarde, las inmensas empresas ferroviarias que eran propiedad de la familia, ahora están en las manos de otros. Cuando Gloria Vanderbilt falleció en junio del 2019, la famosa revista Forbes reveló que su hijo, Anderson Cooper (personalidad televisiva de CNN) confesó en una entrevista que su madre le dijo claramente que no existía un «fondo fiduciario» del cual él pudiera vivir.[3]

Toda la fortuna que Cornelius y William Vanderbilt construyeron había desaparecido en dos generaciones, la de Gloria y la de su padre Reginaldo (un famoso *playboy* y jugador empedernido).

LECCIÓN DE VIDA:

1. No solo hace falta impactar la vida de nuestros hijos, también debemos hacerlo con la de nuestros nietos. Reginaldo Vanderbilt, nieto de Cornelius, fue el que se encargó de dilapidar la fortuna familiar.

2. Debemos tener una forma establecida y un proceso exitoso para transmitir principios y valores de generación en generación.

3. Una persona con una vida licenciosa y desordenada no debería recibir la autoridad para tomar decisiones sobre las empresas familiares y su patrimonio.

Carlos M. Schwab

Carlos M. Schwab (no confundir con el inversor norteamericano Charles R. Schwab) empezó trabajando como un simple empleado, pero para 1897, a los treinta y cinco años de edad, llegó a ser el presidente de la empresa de acero que pertenecía al famoso magnate Andrés Carnegie. Cuando el multimillonario J. P. Morgan (fundador del banco que lleva su nombre) compró la Carnegie Steel Company, la convirtió en la US Steel Corporation y le pidió a Schwab que se quedara como su primer presidente.

La relación laboral no duró mucho y Schwab decidió ofrecer sus servicios a la Bethlehem Shipbuilding and Steel Company en 1904; bajo su liderazgo, la empresa se convirtió en la mayor productora de acero del mundo. La Bethlehem inventó las famosas columnas de acero con forma de «I», que permitieron la construcción de los grandes rascacielos de la edad moderna.

A principios del siglo XX, Schwab tenía una fortuna calculada entre los veinticinco y cuarenta millones de dólares (más de ochocientos millones en el día de hoy). Sin embargo, para los comienzos de la Gran Depresión, en 1939, la mayoría de sus riquezas habían desaparecido detrás de una existencia desordenada, un estilo de vida lleno de fiestas, gastos excesivos y juegos de azar.

Luego de haber construido Riverside, una de las más impresionantes mansiones en la ciudad de Nueva York, Carlos Schwab pasó los últimos días de su vida en un pequeño apartamento con muy pocos ingresos, las acciones de una acería que no valían casi nada, y una carga de deudas de más de trescientos mil dólares.

LECCIÓN DE VIDA:

1. Las fortunas son como un jardín: no es suficiente diseñarlo y plantarlo; también hay que cuidarlo y trabajar en él a lo largo del tiempo. Enseña a tus hijos a tener una actitud de cuidado con respecto al capital acumulado por la familia. Enséñales no solamente a trabajar duro y producir, sino también a cuidar y expandir el activo de la familia.

Hay un antiguo proverbio del Medio Oriente que dice: «Mantente al tanto de tus ovejas, preocúpate por tus rebaños, pues ni riquezas ni coronas duran eternamente».[4] Esa es una gran verdad.

2. Para aquellos que hemos alcanzado algún nivel de éxito en la vida, existe el peligro de que todo nuestro trabajo y esfuerzo se echen a perder en el proceso de pasar el fruto de nuestra labor a la siguiente generación. Todos tenemos ese riesgo. Y no es un problema de ahora.

Casi tres mil años atrás, la mayor fortuna del mundo se perdió en solamente setenta y dos horas. En mi libro *Decisiones que cuentan*, publicado por HarperCollins, rescato la historia de Roboam, el hijo del famoso rey del Medio Oriente llamado Suleimán (o Salomón, para los occidentales). De acuerdo con algunos expertos en el asunto, parece ser que Suleimán amasó una fortuna equivalente a dos millones de millones de dólares.[5] Una cifra astronómica.

Roboam, heredero al trono, en su primer día de trabajo se vio confrontado, justamente, con una pregunta financiera, y falló miserablemente.[6] En solo tres días perdió diez de las doce tribus del pueblo del Israel, y esa nación nunca más volvió a funcionar como un reino unificado. Si hubiese sido un negocio, la pérdida hubiese sido de casi el ochenta por ciento del patrimonio familiar.

A todos nos puede pasar. Pero no te tiene que suceder a ti.

POBRES QUE SE HICIERON RICOS

No todos los ricos terminan pobres. La verdad es que la mayoría manejan muy bien sus fortunas. Hace muchos años atrás, leí un libro llamado *The Millionarie Next Door* [El millonario de al lado]. Es un libro interesante sobre la vida de los millonarios en Estados Unidos, escrito por Thomas Stanley y William Danko.

Una de las cosas que aprendí de este libro es que la vida de los millonarios norteamericanos no tiene nada que ver con las ideas que nosotros tomamos de la televisión y las redes sociales. De acuerdo con el libro de Stanley y Danko, «más del ochenta por ciento de los millonarios en Estados Unidos el día de hoy son gente común y corriente que ha acumulado riquezas en una generación. Lo hicieron lentamente, consistentemente, sin ganar la lotería».[7]

La riqueza puede ser construida a lo largo de los años con trabajo duro, perseverancia, un buen olfato para aprovechar las oportunidades y una excelente ética laboral. Y puede ser mantenida también de esa manera.

Aquí les muestro algunas familias que empezaron con nada y llegaron a la cumbre:

Aristóteles Onassis

Aristóteles Onassis llegó a la Argentina en 1923, a los diecisiete años de edad, con un pasaporte de refugiado de la Liga de Naciones. Era un joven sin patria. Su familia lo había perdido todo en la guerra turco-griega (1919-1922).

Su primer trabajo fue como operador de teléfonos mientras estudiaba comercio y administración de aduanas en la aduana argentina. Un día, decidió dejar de ser empleado para convertirse en emprendedor y comenzó una empresa de importación de tabaco. Luego de obtener la ciudadanía argentina, inició el negocio que lo proyectaría al mundo: la marina.

Cuando hizo su primer millón de dólares se mudó a Nueva York y desde allí se lanzó a conquistar el mundo desarrollando la flota de transporte mercante más grande del mundo. Onassis sumó a sus barcos una variedad de negocios a nivel global que lo convirtieron en uno de los millonarios más conocidos del mundo.

Su fortuna fue dividida entre sus herederos y una serie de fundaciones que continúan, aún el día de hoy, impactando la vida de jóvenes y familias tanto dentro como fuera de Grecia.

Roman Abramovich

Roman Abramovich nació en el seno de una familia pobre en el sur de Rusia. Su mamá murió cuando él tenía solamente dos años de edad, y la familia de un tío que vivía cerca del círculo polar ártico se hizo cargo de él.

Mientras estudiaba en el Instituto de Transporte Automotriz de Moscú, en 1987, comenzó una pequeña empresa que fabricaba juguetes de plástico. Eso lo introdujo al mundo del petróleo donde, con el tiempo, alcanzó el éxito con una conocida empresa llamada Sibneft. Como presidente de Sibneft, negoció una fusión de empresas que dio lugar a la cuarta compañía petrolera más grande del mundo. La empresa se vendió en el 2005 a la empresa estatal Gazprom por trece mil millones de dólares.

En el 2003, Roman compró el Chelsea Football Club, y es propietario del yate más grande del mundo, que le costó casi cuatrocientos millones de dólares en 2010. Su fortuna se calcula en más de ocho mil doscientos millones de dólares.

Howard Schultz

Howard Schultz creció en el seno de una humilde familia judía que vivía en un edificio de apartamentos que el gobierno construyó para personas de bajos recursos en Nueva York.

En una entrevista para el periódico británico *Mirror*, Schultz dijo: «De niño siempre sentí que vivía del lado pobre de las vías del tren. Sabía que la gente del otro lado tenía más recursos, más dinero, familias más felices. Y por alguna razón, no sé por qué ni cómo, quería saltar esas rejas divisorias y lograr algo más allá de lo que la gente decía que era posible. Puedo tener un traje y una corbata ahora, pero sé de dónde soy y sé cómo se vive en la pobreza».[8]

Schultz recibió una beca de fútbol americano en la Universidad del Norte de Michigan, la cual lo ayudó a pagar sus estudios. Una vez que se graduó, fue a trabajar para la empresa Xerox y una compañía suiza que fabricaba cafeteras. Así fue como el joven Howard se involucró en el mundo del café, comenzó su propia cafetería y, finalmente, compró una cadena de cafés llamada Starbucks.

Howard Schultz revolucionó la manera en la que se hacía el negocio del café en Starbucks y la llevó de sesenta a dieciséis mil puntos de venta en todo el mundo. Su fortuna se calcula en más de dos mil novecientos millones de dólares.

¿EN QUÉ RADICA LA DIFERENCIA?

¿Qué marca la diferencia al momento de manejar exitosamente el dinero tanto en la casa como en la empresa? Vengo pensando en esto hace mucho tiempo. Y, justamente, pensando en estas cosas, me he dado cuenta de que no es que yo sea tan inteligente, pues no lo soy.

Lo que ocurre es que, luego de viajar más de tres millones de kilómetros y visitar más de cincuenta países del mundo desde comienzos de siglo, he visto historias de terror por todos lados. De pronto, me he dado cuenta de ciertas cosas. Me he dado cuenta, por ejemplo, de que uno de los factores fundamentales en la creación y el mantenimiento de la riqueza tiene que ver con la adquisición de una especie de «brújula interna» en la vida.

Las familias que tienen un norte claro, tienden a llegar al éxito y mantenerse a través de las generaciones. Las familias que tienen vidas disfuncionales y las pasan de una generación a la siguiente, tienden a perder sus recursos económicos aunque hayan hecho fortunas.

LA IMPORTANCIA DE LA BRÚJULA

Cuando estuve haciendo el servicio militar para mi país, allá por el 1980, aprendí por primera vez en mi vida a navegar en tierra orientado por los puntos cardinales. Parecería increíble, pero, aunque uno esté en cualquier lugar geográfico, si sabe dónde se encuentra y a dónde quiere ir, puede llegar adonde sea con la ayuda de un pequeño instrumento llamado «brújula».

Una brújula no necesita baterías; ni conexión a Internet; ni satélites; ni la luz del sol, la luna o la visualización de las estrellas. Es un artilugio imprescindible en cualquier mochila de *trekking* o turismo de supervivencia. A mí me parece que es uno de los mejores inventos en la historia del mundo.

La brújula, por ejemplo, no indica cómo llegar al lugar donde se quiere ir (no es lo mismo que un GPS). La brújula siempre indica dónde está el norte.

Pero si tú sabes dónde está el norte, en este caso el norte magnético del mundo, puedes transportarte por tierra, por aire o por mar hacia cualquier lugar que quieras. Puede que estés disfrutando de un día soleado o estés en el medio de la noche. Puede que estés en un vehículo en tierra o estés en alta mar. Puede que el día sea bien agradable o que estés en medio de la peor tormenta que hayas experimentado en tu vida. Pero si tú sabes dónde está el norte, puedes llevar el barco de tu vida a puerto seguro.

Esa es la razón por la que debemos darle una brújula interna a nuestros hijos: en la vida hay muchos momentos en los que se van a encontrar en situaciones inesperadas y desconocidas. Ellos van a necesitar tomar decisiones en medio de las tormentas de la vida. Van a encontrarse con oportunidades que no sabrán si los van a llevar al éxito o al fracaso. En todos y cada uno de esos casos, es imprescindible que ellos sepan dónde está su norte, que tengan claros los principios y valores que guiarán su decisión.

Entonces, no importará cuál sea el problema, no importará cuál sea la situación en la que se encuentren, el tiempo o el lugar. Sabrán qué es lo mejor para ellos, aunque todo el mundo les diga que no los entiende o que lo que están haciendo es una locura. Ellos sabrán cuál es la dirección correcta.

Es por eso que siempre que enseño de finanzas, comienzo diciendo que en el mundo del manejo económico o el manejo de las empresas, el *ser* es mucho más importante que el *hacer:*

Quién tú eres determina cómo piensas.
Cómo tú piensas determina cómo tomas tus decisiones.
Cómo tomas tus decisiones determina tu éxito o fracaso en la vida.

Por ejemplo, podemos enseñarles a nuestros hijos que la familia nunca paga sobornos a nadie, por ninguna razón. O puede enseñarles a respetar al prójimo, sin importar su nivel educativo o su estatus social. Puede enseñarles que la carrera del dinero no es una carrera de cien metros llanos, sino una de cinco kilómetros... ¡con obstáculos!

Eso les ayudará a operar con integridad, con honestidad y con respeto hacia los demás. Les ayudará a ser pacientes y perseverantes a través del tiempo, ahorrando primero y comprando después. Les enseñará a mirar la vida con perspectiva profunda en el tiempo (y, quizás, hasta con perspectiva de la eternidad).

Cuando las personas tienen una brújula interna, no necesitan pensar mucho las decisiones. Saben, intuitivamente, qué es lo que deben hacer.

Por ejemplo, puede que decidas enseñar a tus hijos a abrazar el *orden* en la vida. Hacer las cosas con orden será parte de su norte. Cuando alguien, entonces, les proponga hacer un negocio de forma desordenada, ellos sabrán qué responder. Sabrán que no se deben meter con gente que lleva dos libros de contabilidad paralela, que no paga impuestos, que miente al gobierno y engaña a los clientes... Si la cosa no está clara y ordenada, ellos no participarán. Eso es establecer su norte y dárles una brújula.

Cuando escribí mi primer *best seller* titulado *¿Cómo llego a fin de mes?*, sugerí a mis lectores siete principios importantísimos que debían ser parte de su norte. Los llamamos «los Principios P». Si me permites, me gustaría compartir esa lista contigo. Estos son:

1. El principio de la renuncia: nada es mío. Todo me ha sido dado de lo Alto. Yo debo pensar como un administrador y no como un dueño.
2. El principio de la felicidad: debemos aprender a ser *felices* en el lugar económico en el que nos encontramos. Más dinero es más diversión, pero diversión no es *felicidad*.

3. El principio de la paciencia activa: la perseverancia es lo que distingue al mediocre del exitoso.

4. El principio del ahorro: el ahorro es la base de la fortuna. La riqueza es la *acumulación* de recursos, y no está directamente relacionada con un gran salario.

5. El principio de la integridad: lo que siembras, eso cosechas. La integridad mantiene la gracia de Dios sobre nuestras vidas. La integridad, al final, siempre paga muy bien.

6. El principio del amor y la compasión: es mucho mejor dar que recibir.

7. El principio del dominio propio: es más fácil dominar una ciudad que dominarse a sí mismo.

Estos principios deben formar parte del fundamento filosófico en tu vida y la vida de tu familia. Si quieres que te vaya bien en tus finanzas, debes adoptarlos, debes abrazarlos y debes vivirlos cada día, modelándolos para las siguientes generaciones.

Debemos rechazar el pragmatismo en el que hemos crecido: «Así *funcionan* las cosas en este país»; debemos hacer caso omiso de la ética situacional: «Las cosas están bien o están mal dependiendo de la *situación* en la que uno se encuentre»; y debemos rebelarnos frente a los negativos y derrotistas que te dicen: «Siempre las cosas se han hecho de esta manera».

Cuando uno tiene una brújula, un lugar al cual mirar para saber dónde está el norte, los problemas no cambian, pero la manera en la que los encaramos y resolvemos es totalmente diferente.

Sé diferente. Piensa distinto. Siembra estas ideas, conceptos y principios en tus hijos y los hijos de tus hijos. Cosecharás una familia que prosperará continuamente, a través del tiempo, hasta la tercera y cuarta generación.

Mentalidad de pobreza y mentalidad de abundancia

COSMOVISIÓN Y PARADIGMAS

Mi esposa, Rochelle, creció en África. Su mamá dedicó una buena parte de su vida a prevenir y sanar enfermedades. Su título de enfermera con una especialidad en enfermedades infecto-contagiosas la llevó a un hospital en la frontera de Zimbabue con Mozambique.

Mi suegro, por otro lado, ingeniero agrónomo, decidió un día dejar de sembrar plantas y comenzar a plantar iglesias para contarles del amor de Jesús a la gente que nunca había oído ese nombre antes. Los dos sirvieron casi veinte años en Zimbabue y en Sudáfrica antes de regresar a vivir al área de Chicago. Cuando sea grande, yo quiero ser como mis suegros.

Esa es la razón por la que, ni bien comencé a viajar internacionalmente, uno de los primeros lugares que empecé a visitar fue el continente africano. En mi hogar amamos a África y deseamos poder marcar la diferencia entre los individuos y las familias que tanto han sufrido a través de los años en ese continente.

Fueron esos viajes a África los que me llevaron, con el tiempo, a estudiar e investigar sobre el tema de la cosmovisión: la forma en que vemos e interpretamos la vida. Nuestra cosmovisión determina cómo entendemos el mundo a nuestro alrededor, y eso nos lleva a abrazar una serie de principios y valores que, a su vez, determinan el camino que seguimos en la vida.

Por ejemplo, en nuestro mundo de habla hispana es muy normal entender que un ser humano es más valioso que un animal (un perro, una gallina o una vaca). Nosotros amamos a nuestras mascotas, y en mi casa, ¡demasiado! Sin embargo, si tuviésemos que decir qué es más valioso: un niño o un gatito, creo que la gran mayoría de los iberoamericanos diríamos que un niño es más valioso.

Eso es porque nosotros, religiosos o no, tenemos una cosmovisión arraigada en el libro de Génesis. No importa si somos de origen judío, musulmán o cristiano, o si no somos religiosos. De todas maneras, hemos sido influenciados por la historia de Adán y Eva. En ella se dice que los seres humanos fuimos creados de manera especial por Dios y llevamos en nosotros el *Imago Deo*: fuimos creados a la imagen y semejanza de Dios.[1]

La razón por la que como personas del mundo occidental consideramos precioso a cada ser humano es, justamente, que llevamos la imagen de Dios en nosotros. Puede que ahora pensemos en alguna otra razón, pero, en el fondo, nuestro aprecio por la vida humana está relacionado con nuestra cosmovisión cristiana de la vida. La gente no piensa así en Oriente.

Para algunas religiones orientales cada vida vale exactamente lo mismo. Lo mismo vale una cucaracha, una vaca, una ballena o un ser humano. Y eso, por supuesto, lleva a desarrollar una serie de principios y valores diferentes. Lleva a desarrollar determinadas ideas y a caminar en una determinada dirección.

El poder de las ideas

Las ideas nos ayudan a manejar mejor la vida, y las mejores ideas son las que acompañan un entendimiento apropiado del mundo que nos rodea. Eso se llama «paradigma».

Los paradigmas son poderosos. Nos ayudan a comprender qué es lo que está pasando en nuestras vidas y, entonces, nos proveen el marco apropiado para tomar buenas decisiones que nos lleven al éxito.

Por ejemplo, supón que subes a un autobús que está casi vacío. En la siguiente parada, sube un hombre con tres niños. El hombre se sienta casi enfrente tuyo, los niños apenas lo hacen. Se sientan, se paran, se pelean, se gritan cosas el uno al otro... es un desastre. Están agresivos, molestos, ruidosos... y al padre parece no importarle nada de lo que está pasando.

Cuanto más pasa el tiempo, más ganas te dan de parar a cada uno de esos mocosos, darles un buen estirón de orejas y sentarlos de una vez. En el fondo, más que todo, te indigna ese padre irresponsable que no hace nada para poner orden y tener a sus hijos bajo control.

Es, justamente, cuando estás pensando en quejarte con el chofer del autobús que el hombre te mira a los ojos y con un rostro acongojado te dice: «Perdone, disculpe... lo que pasa es que acabamos de salir del hospital. Mi esposa ha estado luchando contra un cáncer terrible y acaba de fallecer hace un par de horas. Los nenes no saben cómo responder a la situación, ¡y yo estoy totalmente perdido!».

Ahora que ves las lágrimas en sus ojos, dime: ¿qué sientes? ¿Enojo o compasión? ¿Vas a quejarte con el chofer o deseas ayudarle?

Acabas de experimentar un cambio de paradigma.

Recuerdo haber escuchado alguna vez al doctor Tony Evans, fundador y presidente de La Alternativa Urbana, en Dallas, Texas, contar una historia que tiene mucho que ver con el concepto de lo que es un paradigma para nuestra vida. Te la voy a contar con un sabor iberoamericano, tal como lo hice años atrás en mi libro *¿Cómo llego a fin de mes?*:[2]

Se cuenta que un grupo de barcos de la Marina había salido a hacer maniobras de combate por varios días.

Una noche con mucha niebla, estando el capitán de uno de los barcos en la torre de mando, uno de los marineros le indica que ve una luz acercarse por la proa. El capitán, al darse cuenta de que estaban en peligro de chocar, le indica al marinero que haga señales con luces:

—Haga una señal a ese barco y dígale que estamos a punto de chocar. Aconseje que gire 30 grados.

Al volver la contestación con señales de luces se leía:

—Aconsejable que *ustedes* giren 30 grados.

El capitán, entonces, responde:

—Envíe, marinero: soy capitán de la Marina de Guerra, le ordeno que vire 30 grados.

La respuesta no se hizo esperar:

—Soy un marinero de segunda clase. Aconsejo que inmediatamente cambie su curso 30 grados.

Para ese entonces, el capitán estaba totalmente furioso. Gritando a viva voz le dijo al señalero:

—Dígale a ese estúpido: esta es la fragata misilística Río Grande. Le intimo a que cambie su curso 30 grados.

Vuelve la contestación:

—Soy el faro de San Sebastián.

La fragata misilística, quietamente entonces, ¡cambió su curso 30 grados!

Eso es experimentar un cambio de paradigma. Darse cuenta de que la vida no es como creíamos que era, que el mundo circundante tiene otra realidad que desconocíamos.

Esa es la razón por la que debemos darles a nuestros hijos una cosmovisión apropiada de la vida y paradigmas que les ayuden a tomar decisiones que los lleven a buen puerto. Claro, siempre ellos podrán hacer lo que quieran con su vida. Pero si desoyen nuestra voz, no deberían sorprenderse el día en que sus vidas se vayan a pique.

El mapa de la vida

La percepción que tenía el capitán de la fragata misilística de su mundo circundante determinaba su realidad (dicen por allí que «percepción es realidad»). La percepción que tenemos puede reflejar la verdad, o puede, como en el caso del capitán de nuestra historia, engañarnos monstruosamente.

Fue un paradigma equivocado el que produjo el desastre del Titanic en su viaje inaugural: «Este barco es imposible de hundir»; el que llevó a Hitler a atacar Rusia y perder la Segunda Guerra Mundial; y el que produjo el desastre del transbordador espacial Challenger.

Los paradigmas son poderosos en nuestras vidas. Son el lente a través del cual interpretamos la realidad circundante y proveen el ambiente para la toma de decisiones en nuestras vidas, tanto buenas como malas.

Los paradigmas son el mapa que nos permite entender dónde estamos, a dónde queremos ir y cómo llegaremos a cumplir nuestras metas.

Por ejemplo, supongamos que alguien nos invita a visitar la ciudad de Lima (Perú). Cuando llegamos, rentamos un automóvil, tomamos la dirección de la persona que hemos venido a visitar y, como nunca hemos estado antes en esa preciosa ciudad de Sudamérica, pedimos un mapa.

Cuando recibimos el mapa, arriba de todo dice Lima. En su contorno, tiene dibujos y fotos de Lima, pero, por un error de imprenta, en realidad, es un mapa de Caracas, Venezuela. Nosotros podemos tener las mejores intenciones del mundo, podemos ser absolutamente sinceros en tratar de llegar a nuestro destino, podemos tener la actitud mental más positiva del mundo, y sonreír a los que nos rodean, pero, sin el mapa apropiado..., ¡estamos perdidos!

Esa es la importancia de desarrollar paradigmas correctos en nuestra vida.

Prepárate para cambiar paradigmas en la vida de tus hijos, para darles el mapa correcto de la vida.

Debemos eliminar de nuestro vocabulario frases como: «El que no tranza no avanza», o «el que no debe nunca tiene», o «¿qué le hace una mancha más al tigre?», o «¡la última deuda la paga el diablo!». Ese tipo de paradigmas los van a llevar al desastre.

La sociedad de consumo también te educa y crea paradigmas. Recuerdo haber visto en el año 2017 un comercial de una de las marcas de gaseosas más conocidas del mundo. Apoyaba un movimiento popular de manifestaciones y marchas en Estados Unidos. La protagonista principal era una bella actriz norteamericana que compartía una gaseosa con un policía para promover la «paz» en medio de la tensión.

Al final del comercial aparecía la marca de esta bebida seguida inmediatamente por un subtítulo que decía: «Live for now» (Vive el momento, o vive el ahora).

Como ves, los productores de bebidas gaseosas no solo venden refrescos. También venden paradigmas.

Si tu *compras* este paradigma de vivir *for now*, eso te va a traer problemas porque no tendrás suficientes recursos para vivir *later* (después). Vivir la vida con una perspectiva multigeneracional no es lo que nos enseña el mundo en el que vivimos, y eso está llevando a cientos de miles de individuos y familias del continente a descapitalizarse en su vida económica y, luego, a vivir miserablemente en sus días de vejez.

«Vive el momento» puede ser un bello mensaje para aquellos que viven en Estados Unidos o Europa, donde los sistemas de previsión social de alguna manera todavía funcionan. Pero ese paradigma es una píldora de cianuro para todos aquellos que viven en países en desarrollo, donde los sistemas de cuidado del adulto mayor son un desastre.

Hay que tener cuidado con las ideas.

Mentalidad de escasez y de abundancia

Cuando comenzamos a viajar por África, de pronto nos dimos cuenta de que la gente no estaba entendiendo lo que queríamos enseñarles. Hablando de esta dificultad con un amigo en Ciudad del Cabo, me dijo:

«Andrés, deberías ir a visitar a un conocido profesor en una universidad de Johannesburgo para que te explique sobre un tema que se llama "cosmovisión" y te explique cuáles son las características de una cosmovisión africana de la vida».

Eso fue, justamente, lo que hice... y eso cambió profundamente la manera en la que nosotros encaramos la forma de enseñar finanzas en el mundo.

Allí, en Johannesburgo, aprendí por primera vez las características de una mentalidad de escasez y una mentalidad de abundancia.

Los pueblos originarios de África y nuestros pueblos originarios en Europa y Latinoamérica tienen muchas cosas en común. Entre ellas, una cosmovisión de la vida que, en el mundo de las finanzas, los lleva a desarrollar una mentalidad de escasez. Nosotros, como padres, debemos identificar esas ideas, rechazarlas y abrazar una mentalidad de abundancia.

Aquí no estoy hablando de una mentalidad positiva. El concepto es mucho más profundo y tiene que ver con la forma en la que entendemos el mundo.

Mentalidad de escasez

La gente que tiene una mentalidad de escasez entiende el mundo como un sistema «cerrado» en el que la cantidad de recursos que existen en ese gran círculo es limitada (Figura 1). El universo es como un gran pizza y cada uno de nosotros tenemos una porción (Figura 2).

Estudia estos dibujos:

MENTALIDAD DE ESCASEZ

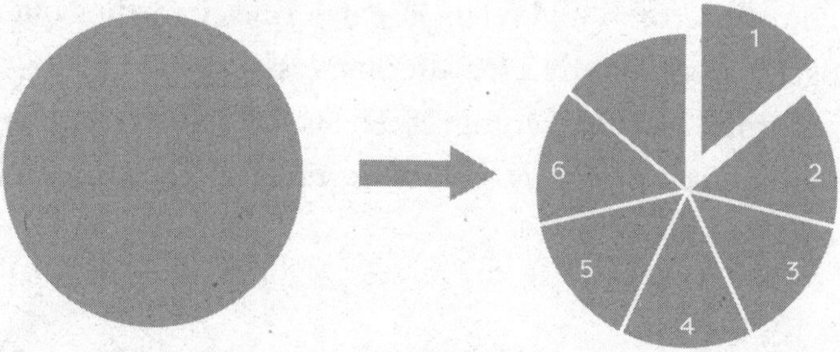

Figura 1   Figura 2

Si se entiende la vida como si el universo fuera un pastel que tiene recursos limitados y en el que a cada persona le pertenece una parte del mismo, entonces, si yo tengo más, necesariamente tú tienes *menos*. Cuanto más tengo yo, menos tienes tú. De allí viene la idea de que «cuando los ricos se hacen más ricos, los pobres se hacen más pobres».

Esto nos lleva por el camino de la envidia. Nos lleva por el camino de los celos. Nos impulsa a no querer colaborar, sino a competir los unos con los otros. Nos lleva a tratar de hacer negocios en el que una de las partes siempre gana y la otra siempre pierde. Me lleva a ser tacaño, porque cuanto más doy, menos tengo.

La mentalidad de escasez prevalece el día de hoy en nuestra sociedad. No sé si es porque nunca hemos rechazado el pensamiento de nuestros antepasados o porque los medios de comunicación y, a veces, hasta nuestro sistema educativo la promueven. Con simplemente encender el televisor o navegar por las redes sociales, inmediatamente recibes mensajes que incentivan a tener una mentalidad de escasez.

Villoslada y Barneto, en *Economía 2.0 para Bachillerato* dicen que «una de las definiciones más utilizadas en el mundo académico es la que propuso L. Robbins (1898-1984) en su artículo *Ensayo sobre la naturaleza y significado de la ciencia económica* (1932): "La ciencia económica es el estudio de la conducta humana como una relación entre fines y medios que son escasos y susceptibles de usos alternativos"».[3]

Es normal escuchar, entonces, en las aulas universitarias que la economía es el *estudio de la administración apropiada de recursos limitados.*

Mentalidad de abundancia

Sin embargo, no todo el mundo tiene una mentalidad de escasez. Las personas, las familias y los países que prosperan se caracterizan por entender la vida de una forma muy distinta.

Cuando yo pienso en lo que hace tan diferentes a países como Alemania, Suecia, Suiza, Finlandia, Dinamarca, Holanda, Singapur, Hong Kong, Australia o Estados Unidos del resto del mundo, creo de todo corazón que es la la forma de ser de la mayoría de su gente; la manera en que ellos piensan hace, a largo plazo, toda la diferencia.

La gente que prospera tiene una mentalidad de abundancia: entienden el universo como si fuese un sistema «abierto» en el que la cantidad de recursos disponibles es ilimitada. La vida es más una vasija que una pizza (Figura 3) y los recursos fluyen a esta vasija de lugares, a veces, totalmente inesperados.

En un sistema abierto en el que los recursos son ilimitados, cuando yo tengo más, tú también puedes tener más. Cuando los ricos se hacen más ricos, ¡los pobres *también* se pueden hacer más ricos!

Esta forma de ver la vida me lleva a hacer negocios en los que nadie sale perdiendo, sino que todos ganan. Me lleva a colaborar con otras empresas y no a competir solamente. Me lleva a buscar la prosperidad de mis clientes y mis proveedores, no solo la mía. Me lleva a ser más desprendido de las cosas materiales, a ser más generoso y a entender que, cuanto más doy, no necesariamente tengo menos.

MENTALIDAD DE ABUNDANCIA

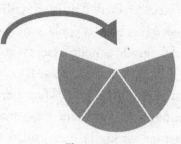

Figura 3

Dentro de la cosmovisión que tiene el cristianismo, por ejemplo, una mentalidad de abundancia surge de la convicción de que Dios provee para todas nuestras necesidades de acuerdo con las riquezas que le pertenecen a Jesús en el cielo (en *Gloria*).[4] Como esas riquezas son infinitas, los recursos también lo son (Figura 4).

MENTALIDAD DE ABUNDANCIA

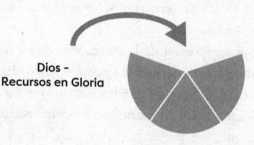

Dios -
Recursos en Gloria

Figura 4

Entonces, si somos parte de una comunidad de fe cristiana, esta es una muy buena manera de comenzar una conversación que lleve a establecer una mentalidad de abundancia en nuestros hijos.

Implicaciones

Al final de cuentas, como lo dijimos antes, las ideas tienen implicaciones.

Por ejemplo, cuando Paul Ehrlich escribió su famosísimo libro *Population Bomb* [La bomba poblacional], este *best seller* creó pánico alrededor del mundo e incitó a ciertos gobiernos represivos a tomar drásticas medidas para controlar la población de su país.

Charles Mann, de *Smithsonian Magazine,* resume lo ocurrido de esta manera: «La primera frase marcó el tono: "La batalla para alimentar a toda la humanidad ha terminado". Y la humanidad había perdido. En los años 70, el libro prometía que "cientos de millones de personas morirían de hambre". No importa lo que haga la gente, "nada puede impedir un aumento sustancial de la tasa de mortalidad mundial"».[5]

La idea del profesor de la Universidad de Stanford era que, para 1968, el planeta estaría tan atiborrado de gente que no tendría la capacidad de continuar alimentando a una población en constante aumento. O reducíamos la cantidad de población humana en el mundo o sufriríamos las consecuencias de hambrunas masivas en un planeta que se estaba muriendo. Controlar la población o correr hacia la autodestrucción.

Esa es una típica expresión de la mentalidad de escasez: los recursos son limitados y la población sigue creciendo. La solución: reducir la población mundial. El pánico creado por *La bomba poblacional,* dice Mann, ayudó al desarrollo del movimiento de protección del medio ambiente, por un lado; pero por el otro, llevó a la implementación de abusos masivos de derechos humanos alrededor del mundo.[6] Cincuenta años después, para algunos, Paul Ehrlich puede sonar ridículo: la población mundial se ha más que duplicado (de tres mil a unos ocho mil millones de personas); sin embargo, ninguno de los pronósticos de «final del mundo» se han cumplido.

Al contrario: la cantidad de gente que murió en hambrunas durante la década de los 60 fue de cincuenta millones de personas, y las que murieron del 2010 al 2016 fue de medio millón.[7]

¿Cómo es que casi triplicamos la cantidad de población mundial y redujimos las muertes por hambre al diez por ciento? Lo hicimos gracias a una característica que hemos recibido como consecuencia de nuestra *Imago Deo:* la creatividad.

La producción de alimentos ha crecido más rápido que la población mundial. Año tras año, década tras década, por los últimos cincuenta años. Además, los alimentos bajaron de precio y la pobreza en los países en desarrollo ha ido disminuyendo regularmente.

Ahora, mirando hacia atrás, nos damos cuenta de que el abuso de derechos humanos en nombre del control poblacional fue absolutamente innecesario. Las ideas tienen consecuencias.

Cuadro comparativo

Quisiera compartir contigo un cuadro comparativo de cómo piensa una persona con mentalidad de escasez y cómo lo hace una con mentalidad de abundancia en términos económicos. El cuadro no es completo, pero te dará una idea de cómo encarar el tema en tu familia (Figura 5).

MENTALIDAD DE ESCASEZ   **MENTALIDAD DE ABUNDANCIA**

Figura 5

MENTALIDAD DE ESCASEZ	MENTALIDAD DE ABUNDANCIA
Hay demasiada competencia. Como el sistema universal es «cerrado», no hay suficiente espacio para que todos los que quieren ganar dinero en un determinado negocio lo puedan hacer. Los negocios ya establecidos tienen la «porción del pastel» que quiero y no ha quedado nada para mí.	**Hay más que suficiente pastel para todos.** El mercado es grande y todos podemos ganar más que suficiente. El mercado está constantemente en expansión y esa es la manera en la que puedo crecer y ganarle a la competencia: trabajando con excelencia y ganando más clientes.
No tengo suficiente dinero. Como los recursos son limitados, no tengo suficiente para comenzar un negocio o llevar a cabo un proyecto. Si solo tuviese más dinero o acceso a préstamos, quizás podría llevar a cabo mis sueños. Pero mientras no tenga recursos, no podré hacerlo.	**Tengo todo lo que necesito.** Tengo salud, tengo capacidad, tengo creatividad, tengo energía, tengo una idea de éxito. Puedo empezar con lo que tengo, y lo que no tengo lo encuentro en el camino.
Las cosas están mal con la economía del país. No hay estabilidad. Las circunstancias externas a mí determinan qué es lo que puedo o no puedo hacer. Cuando la economía del país está mal, yo estoy mal. La inestabilidad externa afecta mi estabilidad interna.	**Cada desafío es una oportunidad. La estabilidad viene de dentro y no de fuera.** Yo moldeo mi realidad. Dios siempre puede crear una burbuja de prosperidad alrededor de mí y de mi familia. Mi estabilidad es interna, viene de adentro hacia afuera. Estoy parado sobre la roca.
Debería estar ganando más dinero que X. Ese compañero/a de trabajo hace lo mismo que yo o menos y gana más. Yo soy más capaz, más inteligente, más hábil... Yo tendría que estar ganando más que él o ella.	**Yo corro mi propia carrera.** Yo he recibido una carrera que se me ha puesto por delante. Cada uno tiene la suya. Yo corro la mía lo mejor que puedo. Me comparo conmigo mismo. ¿Dónde estaba el año pasado a estas alturas y dónde estoy ahora? ¿Estoy corriendo con perseverancia, despojado de todo peso que me tire hacia abajo? ¿Estoy corriendo para ganar o estoy desenfocado?

MENTALIDAD DE ESCASEZ	MENTALIDAD DE ABUNDANCIA
Me van a rechazar.	*Cada «no» lleva a un «sí».*
Como no soy tan bueno y la gente no me aprecia, seguro que me van a rechazar.	Cada vez que la gente me dice que «no», esa es una indicación de que estoy más cerca de un «sí». Debo preguntarles: ¿cómo podemos convertir ese «no» en un «sí»? ¿Qué debo cambiar o hacer diferente? ¿De qué manera podemos llegar a trabajar?

Cambiar la cosmovisión de una persona no es fácil, pero cuando uno es joven o niño el asunto es muy distinto. Si uno puede colocar una serie de ideas fundamentales en la mente de los hijos, puede llevar a la siguiente generación a un lugar muy diferente.

Nadie nació para ser pobre en la vida. Todos tenemos la oportunidad de salir de donde estamos.

Una historia muy personal

Mi abuelo, Stepan Panasiuk, salió de la frígida frontera entre Ucrania y Polonia a finales de los años 20. Tenía veintisiete años, una joven esposa y un bebé de solo un par de años de edad (mi papá). Como no lo dejaron entrar en Estados Unidos, se fue a la Argentina y, después de un par de meses en el mar, apareció, como lo harían millones de otros inmigrantes, en las costas de Buenos Aires.

De la capital del país, lo enviaron en tren a unos mil kilómetros de distancia, a Posadas, capital de la Provincia de Misiones. Misiones era una provincia cubierta por una maravilla del mundo: la selva del trópico, espesa, cálida, húmeda... una hermosura ecológica que ponía en peligro de muerte a quien quisiera asentarse en ella. Bella y extremadamente peligrosa al mismo tiempo.

Y allí se fueron, Don Stepan y Doña Tecla Panasiuk, con su pequeño bebé rumbo al interior de la selva, a unos ochenta kilómetros. Un día por fin llegaron cerca de una población llamada «Yerbal Viejo» (ahora llamada «Yapeyú»).[8] Para hacerlo, se metieron en un ajustado camino de selva, abierto a machete, donde solo pasaba una persona por vez. Caminaron, entonces, varios kilómetros más hasta encontrar un claro en el mar vegetal donde ya se habían establecido algunas familias de Europa oriental, fieles creyentes en Dios.

Esos miembros de su misma comunidad de fe ayudaron a mi abuelito a establecerse en la tierra que el gobierno le había prometido, y le dieron algunas gallinas y patos para que tuviesen algo que comer. A partir de entonces, su esposa y él, con muy pocas herramientas, abrieron la impenetrable selva tropical para plantar algo que les permitiera subsistir.

Mientras se establecían, el abuelo Stepan trabajaba quince días en su campo y quince días dejaba a la abuela sola mientras iba a trabajar para un par de familias suecas que le pagaban cada semana con cinco kilos de harina y cinco kilos de tocino (no con dinero).

La primera casa de los abuelos Panasiuk fue de palmeras. Era fácil partir el tronco de la palmera a lo largo y colocar las dos mitades una al lado de la otra para formar una pared. El techo lo construyeron de sus hojas. La familia cuenta la historia de la abuela, de veintitrés o veinticuatro años de edad, durmiendo por las noches, solita, junto a su bebé (mi papá) dentro de esa casilla de palmas con las gallinas debajo de su cama para que no se las comieran los animales de la selva.[9]

Así comenzaron los abuelos: con nada. Dos generaciones después, los Panasiuk son una familia de varios cientos de personas, distribuidas en tres continentes, que son dueñas de negocios y de granjas, que viven en el interior, pero también en las grandes ciudades.

Hay religiosos, políticos, artistas y ejecutivos en la descendencia de Stepan y Tecla. Hay contadores y abogados, hay científicos y negociantes, hay gente con licenciaturas, maestrías y doctorados... ¡y hay un «loco» que anda dando vueltas por el mundo enseñando finanzas a más de veintiún millones de personas!

La familia ha prosperado tremendamente. Mi abuelo no era pobre, solo que no tenía dinero.

«Cambia tu manera de pensar para cambiar tu manera de vivir», decía Pablo de Tarso[10], y yo estoy totalmente de acuerdo con eso.

Una cultura que abraza la prosperidad

La cultura importa

Como mencioné en «Una carta personal...» al comienzo de este libro, hace muchos años leí *El sueño panamericano*, y más recientemente, un documento llamado *Cultural Capital Defined* [La definición del capital cultural][1], ambos escritos por Lawrence Harrison. En ellos, Harrison habla de culturas que abrazan la prosperidad y culturas que la resisten.

Después de haber viajado desde finales de los años 90 más de tres millones de kilómetros alrededor del mundo, me he convencido de que, en el fondo, esa es una gran verdad: hay formas de pensar que nos llevan naturalmente hacia la prosperidad integral y formas de pensar que resisten la prosperidad.

Quiénes somos determina cómo pensamos, la manera en la que pensamos determina cómo tomamos decisiones y las decisiones que tomamos nos llevan por el camino del éxito o del fracaso.

Si soy paciente, puedo decidir ahorrar ahora y comprar después, en vez de comprar ahora y pagar después, y así los intereses se me quedan en mi cuenta de banco. Si soy ordenado, puedo enseñorearme del dinero y no permitir que el dinero se enseñoree de mí. Si soy moderado, compraré lo que necesito con el dinero que tengo, y no lo que quiero, con dinero que no tengo.

Si soy previsor, no me gastaré todo el dinero cada mes, sino que guardaré durante los días del verano de la vida para cuando venga el invierno. Si soy generoso, mi vida tendrá propósito y dejaré huellas más allá de mi existencia. Descubriré que dar es mejor que recibir.

Quién soy hace una gran diferencia en mi vida económica y en la vida económica de mi familia. Quiénes somos, como pueblo, hace una gran diferencia en la forma en la que funciona el país.

A lo largo de los años, he enseñado un taller que se llama «La prosperidad de los pueblos». Lo comencé a impartir en el Banco Central del Paraguay y en el Congreso de la República del Perú. Luego, lo llevé a muchos países del mundo.

Con el tiempo, he ido haciendo una lista de características de una cultura que nos lleva a la prosperidad, un poco basado en los escritos de Harrison, otro poco en la experiencia propia. Estas tendencias en el carácter, creo, son las cosas que debemos inculcar en la vida de nuestros hijos si queremos que ellos sean más prósperos que nosotros.

El ser precede al hacer.

He preparado una lista de doce características que yo creo que nuestros hijos deben tener para abrazar una cultura de prosperidad integral. No están en orden de importancia, solo en el orden en el que las fui recordando. Tampoco es una lista completa, pero pensé que si trabajas semanalmente en cada una de estas ideas, en tres meses puedes comenzar a implementar todas estas sugerencias en la vida de tus hijos.

Esta es mi listita y son las cosas que hemos tratado de inculcar a nuestros propios hijos. Ahora que son adultos, estamos finalmente cosechando lo que sembramos en sus vidas hace tantos años atrás. Créeme. Funcionan y hacen la diferencia.

Doce particularidades de una cultura que abraza la prosperidad integral

1. La responsabilidad personal
2. El amor al trabajo
3. La perseverancia
4. El orden
5. La moderación
6. El ahorro
7. El amor a la libertad
8. La humildad
9. La integridad personal
10. El respeto a Dios y al prójimo
11. La generosidad
12. La sabiduría y el crecimiento continuo

A continuación, para cada uno de esos temas, te voy a contar una *historia* que puedes compartir con tus hijos, te voy a dar algunas *preguntas* en las cuales pueden pensar, te voy a dar un *principio de vida* para que tus hijos lo puedan aplicar a las diferentes circunstancias en las que se encuentren, y te voy a dar algunas *actividades prácticas* que van a ayudar a asimilar estas características en sus vidas.

Nuestra amiga, Patricia Giménez de Mareco, en Asunción del Paraguay, me dijo hace algún tiempo que ellos tienen una especie de «Decálogo de valores» para su familia. Lo desarrollaron con sus hijos y, como ellos son una familia que asiste a una iglesia cristiana, entonces esos principios y valores reflejan conceptos que vienen de la Biblia. Tú puedes hacer lo mismo, y yo te puedo ayudar.

Ahora viene la parte más interesante de este libro. ¡Trabajémoslo!

CAPÍTULO 1

La responsabilidad personal

«Al final de cuentas, moldeamos nuestras propias vidas, y nos moldeamos a nosotros mismos. El proceso nunca termina hasta el día en el que morimos. Y las decisiones que tomamos son, en última instancia, nuestra propia responsabilidad».

ELEANOR ROOSEVELT[1]

Jack Canfield, el autor del famosísimo *best seller Sopa de pollo para el alma,* cuenta la historia de un señor que, en el medio de la noche, estaba arrodillado mirando hacia el suelo, bajo la lámpara de una calle de pueblo. En un momento dado, se le acerca un vecino y le dice:

—¡Hola vecino! ¿Qué le ha pasado?

—Estoy buscando las llaves de mi auto —contesta el penitente.

—¿Le puedo ayudar?

—¡Claro!...

Después de 15 o 20 minutos de buscar y buscar, finalmente el amigo pregunta:

—No veo nada... ¿Está seguro que se le cayeron por aquí?

—No. Se me cayeron adentro de mi casa.

—¿Cómo?... ¿Adentro de su casa? ¿Y por qué las está buscando aquí?

—¡Porque aquí hay más luz![2]

Hay que dejar de buscar afuera de nosotros mismos la fuente de los problemas que tenemos y comenzar a mirar hacia adentro. Dejar de echarles la culpa a otros y asumir la responsabilidad personal por las acciones que hemos llevado a cabo. A veces, es más fácil buscar afuera, pero la solución se encuentra adentro.

La responsabilidad personal se encuentra en el fundamento mismo de una vida diferente. Si no asumimos una responsabilidad personal por nuestros actos y nuestro comportamiento, no hay manera de vivir una vida mejor.

DOS HISTORIAS PARA COMPARTIR

Hace mucho tiempo existieron dos reyes en el Medio Oriente. Uno se llamaba Saúl y el otro se llamaba David. Uno perdería el reino. El otro sería un rey admirado por su gente a través de los milenios, aun hasta el día de hoy.

Una de las diferencias importantes entre el uno y el otro estaba en la disposición de asumir la responsabilidad personal por lo que hacían, aprender de la experiencia y corregirla.

Presta atención a esta historia del rey Saúl:

Un día, el famoso profeta Samuel le dijo a un joven llamado Saúl:

—Dios me envió para hacerte rey de su pueblo. Pero antes, él quiere castigar a la tribu de los amalecitas porque fueron malos con el pueblo de Israel cuando ellos venían de Egipto. Así que, ve a la guerra con ellos y destrúyelos completamente con todas sus posesiones.

Entonces Saúl reunió un ejército, los atacó y les ganó la guerra. Sin embargo, a pesar de haber destruido al ejército amalecita, no lo destruyó todo. Por ejemplo, tomaron prisionero a su rey, y además no mataron a las mejores ovejas ni los toros ni los terneros más gordos, ni destruyeron las cosas de valor, aunque sí destruyeron todo lo que era inútil y de poco valor.

A la mañana siguiente el profeta Samuel fue a donde estaba Saúl. Cuando Saúl lo vio, le dijo:

—¡Hola! ¡Dios te bendiga! Ya he cumplido la orden del Señor.

—¿En serio?... ¿Y qué significan entonces esos balidos de ovejas y esos bramidos de toros que estoy escuchando? —respondió Samuel.

—Los han traído de la ciudad de Amalec —contestó Saúl—, porque la gente ha conservado las mejores ovejas y los mejores toros para ofrecerlos en sacrificio al Señor tu Dios. Pero hemos destruido todo lo demás.

—¡Cállate la boca! —lo interrumpió Samuel. Dios te tomó de la nada y te hizo el rey de su pueblo. Entonces, si él te envió con la orden estricta de destruir todo, ¿por qué desobedeciste y te quedaste con las mejores cosas que tenía el enemigo?

Saúl contestó:

—Yo obedecí las órdenes del Señor y cumplí la misión que él me encomendó: traje prisionero a Agag, rey de Amalec, y destruí a los amalecitas. Pero la tropa se quedó con ovejas y toros, lo mejor de lo que estaba destinado a la destrucción, para sacrificarlos en honor del Señor tu Dios en Guilgal.

Entonces Samuel dijo:

«Más le agrada al Señor que se le obedezca,
que las ofrendas que le des;
vale más obedecerlo y prestarle atención
que ofrecerle sacrificios.
Y como tú rechazaste sus mandatos,
ahora él te rechaza como rey».

Entonces Saúl le dijo a Samuel:

—Bueno... sí. Hice lo incorrecto. Pasé por alto la orden del Señor y tus instrucciones, porque tuve miedo de la gente y atendí su petición. Pero, por favor, perdóname y vuelve conmigo para adorar al Señor.

—No voy a regresar contigo —le respondió Samuel—, porque tú rechazaste el mandato de Dios, ahora él te rechaza a ti como rey de Israel.

Samuel se volvió para marcharse, pero Saúl lo agarró por el borde de su capa y se la desgarró. Entonces Samuel le dijo a Saúl:

—De esta misma manera en la que has desgarrado mi manto, el Señor ha desgarrado hoy de ti el reino de Israel. Te lo ha quitado para entregárselo a un compatriota tuyo que es mejor que tú.

—Yo he pecado —repitió Saúl—. Pero, por favor, ¿podrías todavía mostrarme respeto delante de los ancianos de Israel y delante de todo el pueblo? Esa es la razón por la que te pido que vengas conmigo para adorar.

Después de hacerlo, Samuel se fue a su casa y Saúl a la suya. Samuel nunca más volvió a ver a Saúl, aunque le causó mucha tristeza que Dios se hubiera arrepentido de haber hecho a Saúl rey de su pueblo.[3]

Sin lugar a duda, es una interesante historia. Este antiguo rey del Medio Oriente se comporta como nos comportamos muchas veces nosotros:

1. Obedecemos a medias (solo la parte que nos conviene).
2. Cuando nos descubren, negamos que hayamos hecho algo malo.
3. Cuando ya no podemos esconder la metida de pata, les echamos la culpa a los demás.
4. Cuando ni siquiera podemos echarle la culpa a otros, tratamos de salvar nuestra imagen.

Solo hay que sentarse a ver un partido de fútbol para ver ejemplos claros de este comportamiento: al pobre Messi un defensor contrario lo barre con todo lo que tiene y, cuando el árbitro marca la infame falta, el jugador que lo barrió como un demonio ahora parece ser un ángel recién venido del cielo, ¡inocente como una paloma!

Nosotros sonreímos mientras el árbitro hace cumplir fielmente la ley en el campo de juego y sanciona la falta, a veces, hasta con una tarjeta amarilla. Si uno, como árbitro, se dejara llevar por la defensa armada por el agresor y sus compañeros de equipo, quizás terminaría de rodillas pidiendo perdón por la «injusticia» cometida.

Pero eso solamente es un juego de fútbol. Es teatro. No es la vida. En la vida, y especialmente la económica, las cosas son diferentes.

El dinero es un privilegio y una prueba.

Dios le iba a dar el privilegio a Saúl de tener riquezas y ser el rey de su pueblo. Por eso, primero vino la prueba. En esa prueba, él falló miserablemente y por eso la familia más querida del pueblo de Israel es la de David y no la de Saúl.

Ahora viene la historia de éxito: la del rey David.

Había una vez en la tierra de Palestina un rey que se llamaba David. Era un rey poderoso y famoso entre su gente. También era muy religioso y se llevaba muy bien con Dios.

Un día, David se sentía un poco orgulloso de todos sus logros y decidió hacer algo que a Dios no le gustó nada: contar cuánta gente había en su reino.

Así que, una mañana, le ordenó a Joab, el jefe de su ejército, que viajara por todo el país y contara a la gente.

Joab se preocupó y le respondió al rey:

—Que el Señor, el Dios de Su Majestad, aumente su pueblo cien veces más de lo que es ahora y que Su Majestad viva para verlo; pero, ¿para qué desea Su Majestad hacer un censo?

Joab sabía que Dios no quería que se contara a la gente. Sin embargo, la orden del rey se impuso a Joab y a los jefes del ejército y, por lo tanto, Joab y los jefes del ejército se retiraron de la presencia del rey para hacer el censo del pueblo de Israel.

Cuando el ejército terminó de hacer el censo, el general Joab entregó al rey las cifras de la población, y resultó que había en Israel ochocientos mil hombres aptos para la guerra y quinientos mil en la provincia de Judá.

En ese momento, David se sintió culpable por haber hecho el censo de la población, se dio cuenta de que había hecho mal y, entonces, lo confesó al Señor:

—He cometido un grave pecado al hacer esto. Pero te ruego, Señor, que perdones ahora el pecado de este siervo tuyo, pues me he portado como un necio.

Fue entonces cuando un profeta de Dios llamado Gad fue a ver a David, y le preguntó:

—¿Qué prefieres: siete años de hambre en el país, tres meses huyendo tú de la persecución de tus enemigos o tres días de peste en toda la nación?

Entonces, el rey David contestó al profeta Gad:

—¡Es tan difícil elegir! A mí me parece que prefiero caer en las manos de Dios y no de la gente, porque Dios tiene un corazón muy grande y va a tener misericordia de nosotros.

Entonces Dios mandó a un ángel para que desparramara una peste sobre toda la tierra de Israel. Mucha gente comenzó a morirse debido a la enfermedad. Cuando finalmente el ángel llegó hasta Jerusalén, la capital del país, Dios le ordenó al ángel que se detuviera.

El ángel se encontraba junto al lugar donde un señor llamado Arauna trillaba el trigo. Y cuando David vio al ángel que hería a la población en las puertas de la ciudad, le dijo al Señor:

—¡Yo soy quien ha pecado! ¡Yo soy el culpable! ¿Pero qué han hecho estos inocentes? ¡Yo te ruego que tu castigo caiga sobre mí y sobre mi familia!

Entonces fue cuando el profeta Gad fue a ver a David y le dijo que levantara un altar a Dios en el lugar donde Arauna trillaba el trigo. Así que David se fue a hacer lo que Gad le había dicho por orden de Dios. Arauna estaba mirando a lo lejos y, cuando vio que el rey y sus servidores se dirigían hacia él, se adelantó e, inclinándose delante del rey, le preguntó:

—¿A qué debo la visita de Su Majestad?

David respondió:

—Quiero comprarte el lugar donde trillas el trigo, para construir allí un altar al Señor, a fin de que la peste se retire del pueblo.

Y Arauna le contestó:

—Tome, Su Majestad, lo que le parezca mejor y ofrezca holocaustos. Aquí hay toros para el holocausto, y los trillos y los yugos de las yuntas pueden servir de leña. ¡Todo esto se lo regalo con gusto a Su Majestad!

Pero el rey respondió:

—Te lo agradezco, pero tengo que comprártelo todo pagándote lo que vale, pues no le voy a presentar al Señor mi Dios una ofrenda que no me haya costado nada.

De esta manera David compró aquel lugar y los toros por cincuenta monedas de plata y allí construyó un altar a Dios y ofreció sacrificios de reconciliación. Entonces Dios escuchó la petición de David a favor del país, y la peste desapareció por completo.[4]

Esta es una historia diferente a la primera. En el caso del rey David, él se comporta de manera completamente distinta:

1. Reconoce inmediatamente que ha hecho mal.
2. Entiende que todas las decisiones tienen consecuencias.
3. Acepta su culpa y acepta las consecuencias de su mal comportamiento.
4. Busca una alternativa creativa entre todas las malas consecuencias de su comportamiento y selecciona la «menos mala».
5. Prioriza a los demás: asume la responsabilidad personal por lo ocurrido y ofrece ser castigado él y su familia para detener el sufrimiento del resto del pueblo.

6. Se humilla delante de Dios y le pide perdón con toda honestidad y sin ninguna intención oculta.

7. Demuestra que las relaciones son mucho más importantes para él que el dinero: a pesar de que puede reducir el costo personal del sacrificio que hará para su Dios, él decide pagar el cien por ciento de un precio justo por la ofrenda.

PREGUNTAS PARA PENSAR EN FAMILIA

Los dos reyes, tanto Saúl como David, confesaron que habían hecho mal. Pero pensemos: ¿cuándo fue que lo confesó Saúl y cuándo fue que lo confesó David?

¿Reconozco mis errores solamente cuando me confrontan o los confieso cuando me doy cuenta de que los he cometido?

¿Cuál fue la diferencia entre la razón por la que Saúl confesó que había hecho mal y la razón por la que David lo hizo?

Hagamos con nuestros hijos una lista de pasos que vamos a dar cuando cometamos un error (¡y eso vale tanto para los padres como para los hijos!):

1. _____

_____

2. _____

_____

3. _____

_____

4. _____

_____

5. _____

_____

PRINCIPIO DE VIDA:

Nuestra libertad de elección como seres humanos nos lleva necesariamente a ser responsables de nuestras acciones.

ACTIVIDADES PRÁCTICAS

Cinco sugerencias para enseñar responsabilidad personal:

1. **Establece reglas y rutinas con tus hijos.**

   Los niños funcionan mucho mejor si tienen reglas que seguir y dentro de rutinas establecidas. Entre esas rutinas, uno puede establecer ciertas responsabilidades. Aquí van algunos ejemplos:

   - Antes de ir a dormir, pongo los juguetes en mi cuarto, me cambio de ropa, me pongo el pijama, me lavo los dientes, saludo a mami, saludo a papi, me meto en la cama, leemos un cuento, hablamos con Dios (si la familia es religiosa) y apagamos la luz.
   - Cuando terminamos de comer, llevamos nuestros platos y los colocamos al lado del lugar donde se van a lavar.
   - Cada día, un miembro diferente de la familia lava los platos después de la cena.
   - Todos los sábados debo limpiar mi cuarto.
   - Cuando me levanto, hago mi cama, me lavo los dientes y me cambio de ropa.

   La idea es que «lo que se abre, se cierra; lo que se enciende, se apaga; lo que se ensucia, se limpia; lo que se desordena, se ordena». Eso ayuda a nuestros niños a darse cuenta de sus responsabilidades personales en la medida en que viven la vida.

   Cuando los niños son pequeños, deberemos acompañarlos en el cumplimiento de sus responsabilidades. Pero en la medida en que crezcan (especialmente si ya van a la escuela), debemos resistir la tentación de hacer nosotros las cosas (más rápido y mejor), para dejar que ellos sean los que obedezcan por sí mismos las reglas y las rutinas.

2. **Ofrece opciones.**

Si le das opciones a tu hijo o a tu hija, ellos pueden ver cómo las decisiones que van tomando afectan, de alguna manera, sus vidas. Esta es una excelente forma de entrenar a nuestros hijos para que aprendan a tomar buenas decisiones en la vida:

- ¿Vas o tomar un baño esta noche o nos despertamos más temprano y lo tomas mañana?
- ¿Quieres hacer las tareas ahora y luego jugar con los juegos electrónicos o juegas primero y luego haces la tarea? (Si juegas primero, solo puedes hacerlo por una hora, porque no sabemos cuánto tiempo te va a tomar hacer la tarea).
- ¿Prefieres jugar con tus primos el sábado y limpiar tu cuarto el viernes o jugar con ellos el viernes y limpiar tu cuarto el sábado?

Cuando los niños son pequeños, nosotros debemos tomar las decisiones por ellos. Pero en la medida en que crecen y maduran, es bueno presentarles opciones para que puedan elegir y aprender que las decisiones tienen consecuencias.

3. **Espera y exige responsabilidad por sus actos.**

Tus hijos no deben vivir en un «campo de concentración» dentro de su propia casa. Pero es *importantísimo* que ellos sepan que, si no cumplen con sus responsabilidades, entonces habrá consecuencias.

Yo sé que uno está cansado y, muchas veces, no tiene la energía para pelear la buena batalla de la responsabilidad personal. Sin embargo, no hay juguete, premio, dinero o posición social que les podamos dar a nuestros hijos que sea más valioso que el concepto de que las acciones tienen consecuencias.

- Cada vez que haya una tarea importante que hacer, debe haber una consecuencia por no hacerla. Explica las consecuencias claramente antes de establecer la responsabilidad: «Puedes seguir jugando, pero tu cuarto debe estar limpio para las 18:00 o mañana no puedes salir con tus primos a pasear. ¿Estamos de acuerdo?... ¡Perfecto!».
- Uno nunca debe amenazar a los hijos con alguna acción que no estemos dispuestos a llevar a cabo. Si has marcado una línea en el suelo y esa línea fue transgredida, hay que sacar fuerzas de donde no hay para implementar las consecuencias prometidas. Por eso, hay que ser sabios al elegir las consecuencias de la desobediencia.
- Establece premios, verbales y no verbales, tangibles e intangibles, por demostrar responsabilidad personal. Mejor motivar que disciplinar. Aprende a mirar a tus hijos a los ojos y decirles: «¡Bien hecho! ¡Buen trabajo!» o «Estoy muy orgulloso/a de ti. Hoy hiciste esto o aquello y demostraste ser responsable. ¡Buen trabajo!».
- Procura un equilibrio entre la ley y la gracia. Se necesitan las dos. Demasiada gracia lleva al

descontrol y el desorden. Demasiada ley lleva a la rebeldía.

- Establece consecuencias que aumenten gradualmente su severidad. Tú puedes decirle a tu adolescente: «A partir de hoy, en casa, vamos a apagar todos los aparatos electrónicos a las 20:00 horas (o las 21:00 o las 22:00). La primera vez que te encuentre usando tu teléfono después de esa hora, me debes entregar el teléfono por veinticuatro horas. La segunda vez, por un fin de semana. La tercera vez, por un mes. La cuarta vez deberás esperar hasta tener dieciocho años para conseguirte un teléfono propio. ¿Estamos de acuerdo?».

- Explica con paciencia y cariño las razones por las que vas a esperar un determinado comportamiento en tus hijos. Recuerda que su casa no es un «campo de concentración»; es un campo de entrenamiento, y tú trabajas como entrenador/a del equipo.

4. Comienza temprano.

James Lehman sugiere en EmpoweringParents.com[5] [Empoderando padres] que la enseñanza comience lo más temprano posible en la vida. Nosotros, en la casa de los Panasiuk, empezamos a trabajar en el tema de la responsabilidad personal bastante antes de que las dos nenas o el varón supiesen leer o escribir.

Al comienzo, tú o alguno de tus hijos mayores pueden hacer las tareas con los pequeños: recoger los juguetes, limpiar lo que está sucio, levantar lo que está en el piso.

Más adelante, ellos lo harán solos. L. S. Vygotsky dice que «lo que los niños pueden hacer con la ayuda de otros es aún más indicativo de su desarrollo mental que lo que pueden hacer solos...».[6]

Es importante que tus hijos aprendan a ser personalmente responsables. Primero lo harán acompañados de otros y luego lo harán solos. Sin embargo, el entrenamiento debe empezar temprano. Para cuando llegan los cinco años de edad, estamos un tanto tarde en el juego como para empezar. No obstante, como dice el proverbio latinoamericano: «Nunca es tarde cuando la dicha es buena». ¡Así que lo más importante es comenzar!

5. **Sé un ejemplo de responsabilidad personal.**

«Haz lo que yo digo, pero no lo que yo hago», decía el famoso proverbio de John Selden.[7] Pero él estaba quejándose de los malos predicadores puritanos de su época. Tú y yo debemos ser diferentes. Nuestros hijos nos demandan que seamos diferentes.

Uno no puede dar lo que no tiene. Parafraseando al famoso Ralph Waldo Emerson: «Lo que tú eres habla tan fuerte que no se puede escuchar lo que dices».[8] Si tú eres personalmente responsable delante de tus hijos, ellos aceptarán tus enseñanzas, seguirán tus consejos y, con el tiempo, ellos también demostrarán esa cualidad.

- Si tú lo abres, lo debes cerrar.
- Si tú lo ensucias, lo debes limpiar.
- Si tú lo prendes, lo debes apagar.
- Si tú lo comienzas, lo debes terminar.
- Si tú diste tu palabra, la debes cumplir.

- Si tú te comprometiste económicamente, lo debes pagar.

El alemán Albert Schweitzer, Premio Nobel de la Paz decía: «El ejemplo no es la manera más importante de influir en otros. Es la única que realmente lo logra».[9] Y esa es una gran verdad.

Por otro lado, no solo debemos actuar responsablemente. También es bueno usar el lenguaje de la responsabilidad y decir cosas como:

- «Mi responsabilidad es ir al trabajo todos los días y traer dinero a la casa. Tu responsabilidad es estudiar lo más que puedas y sacar buenas notas».
- «Yo arreglo las cosas que se rompen en la casa y tú arreglas las que tú rompes».
- «¿Comida? ¡Claro! Esa es mi responsabilidad: prepararte una buena comida».
- «Mira, cada mañana yo hago mi cama y espero que tú hagas lo mismo».
- «Te felicito por llegar a tiempo esta mañana». Y, con una sonrisa en los labios: «Parece mentira, ¡pero te estás volviendo más responsable cada día!».

Después de haber hecho preguntas de responsabilidad personal, recuerdo que una de mis hijas me dijo un día: «Papi... confía en mí, ¡yo soy una *adolescente responsable*!». Eso ha quedado en la memoria familiar como un chiste histórico, ya que por supuesto, «adolescente» y «responsable» son dos conceptos opuestos y contradictorios... ¡que nunca se deberían usar en la misma frase!

CAPÍTULO 2

El amor al trabajo

*«El que hace bien su trabajo, estará al servicio
de reyes y no de gente insignificante».*

SALOMÓN[1]

UNA LECCIÓN PARA HABIB[2]

Había una vez en la India, hace muchos siglos atrás,
un hombre que tenía mucho dinero llamado Qaisar.[3]
Era respetado y querido entre su pueblo no solo por sus
habilidades como negociante, sino también por su gran
sabiduría.

Qaisar tenía rebaños, plantaciones, una gran cantidad de esclavos y negocios que se extendían por
todo el país. Sin embargo, lo que Qaisar más amaba

no era su fortuna, sino a su familia y, especialmente, a su hijo Habib.[4]

En la medida en que Habib crecía en estatura y conocimiento, una de las preocupaciones principales de su padre era preparar a su hijo para tomar algún día su lugar en el negocio familiar. Debía enseñarle tanto el *ser* como el *hacer* del éxito.

Un día, mientras Qaisar estaba sentado bajo un badari,[5] disfrutando del fresco de la mañana, llamó a su hijo y le dijo:

—Mi querido Habib, ha llegado el momento de que aprendas a valorar el dinero y amar el trabajo. Hoy deberás traerme, al final del día, algún fruto de tu labor. Saldrás a buscar algo para hacer y ganar dinero. De lo contrario, no habrá comida para ti a la hora de la cena de esta noche.

Habib no podía creerlo. Nunca le habían dicho una cosa así. Desconcertado, corrió hacia su madre y llorando le contó acerca de la conversación con su padre. La madre, con un corazón compasivo, abrió su bolsa de ahorros, sacó una moneda de oro y se la entregó a su amado hijo.

Esa noche, cuando Qaisar pidió cuentas a su hijo sobre el fruto de su labor, el joven inmediatamente presentó su moneda de oro. Entonces, el padre sabio le pidió al hijo que echara la moneda en un pozo de agua, lo que el hijo hizo inmediatamente y sin dudar.

A la mañana siguiente, Qaisar le pidió a su esposa que fuera a visitar a su madre por algunos días. Ni bien la caravana de su esposa salió por el camino, llamó a Habib y le dijo:

—Mi querido Habib, debes aprender a valorar el dinero y amar el trabajo. Hoy nuevamente deberás traerme, al final del día, algún fruto de tu labor. Saldrás a buscar algo para hacer y ganar dinero. De lo contrario, no habrá comida para ti a la hora de la cena de esta noche.

Habib, sabiendo que su madre no estaba en casa, corrió inmediatamente a contarle sus penas a su hermana mayor, quien, al final de la conversación, con compasión, le entregó una moneda de plata.

Nuevamente, esa noche, cuando Qaisar pidió cuentas a su hijo sobre el fruto de su labor, el joven inmediatamente presentó la moneda de plata que había recibido de su hermana.

Entonces el padre sabio le pidió otra vez a su hijo amado que echara la moneda en el pozo de agua donde había tirado la moneda de oro la noche anterior. Habib obedeció inmediatamente y sin dudar.

Para la tercera mañana, el patriarca llamó a su hija y le rogó que fuera a la ciudad a quedarse con su suegra algunos días. Tan pronto como la caravana de su hija se alejó del campo, llamó a su hijo debajo del badari y le dijo por tercera vez:

—Mi querido Habib, hoy, por tercera vez, quiero que me traigas, al final del día, algún fruto de tu labor. Saldrás a buscar algo para hacer y ganar dinero. De lo contrario, no habrá comida para ti a la hora de la cena de esta noche.

El joven, dándose cuenta de que sus benefactoras estaban fuera de su alcance, finalmente decidió viajar hasta el pueblo más cercano y ofrecer sus habilidades a los mercaderes que conocían a su padre. Al fin, uno de ellos le ofreció dos monedas de cobre por descargar una carreta que había llegado de la China con productos para su negocio.

Habib asintió inmediatamente y se pasó el resto del día acarreando bultos y cajas desde el transporte hasta la bodega del amigo de su padre. Al final de su primer día de trabajo, cansado y adolorido, con gusto recibió las dos monedas de cobre prometidas.

Esa noche, frente al cuestionamiento de su padre, el joven mostró con todo orgullo sus ganancias del día, y el sabio Qaisar nuevamente le ordenó que las tirara al estanque de agua.

Habib, aterrorizado, clamó a gran voz:

—¡Pero... padre! ¿Cómo voy a tirar estas dos monedas al estanque?... ¡Después de todo lo que tuve que hacer para ganarlas! Me duele la espalda, me duelen los brazos, me duelen los músculos... ¿Y tú me pides que tire el fruto de mi labor al pozo de agua?

El sabio millonario miró con ternura a su hijo y, mientras sonreía afablemente, le explicó que a uno solamente le duele perder aquello que le ha costado ganar.

En la primera y segunda ocasión, cuando fue ayudado por su familia, no le costó tirar las monedas al pozo de agua. Ahora, que conocía el valor del dinero, estaba listo para aprender a administrarlo.

El joven Habib, al darse cuenta de esta gran lección, prometió nunca más ser un holgazán, y trabajar arduamente para cuidar de la fortuna que tanto trabajo le había costado acumular a sus padres y sus abuelos. Qaisar, por su parte, se comprometió a entregarle todos sus bienes y a ayudarle a administrarlos sabiamente por el resto de su vida.[6]

PREGUNTAS PARA PENSAR EN FAMILIA

¿Por qué Qaisar mandó a trabajar a su hijo si, con todo el dinero que tenían, Habib no necesitaría trabajar por el resto de su vida?

¿Qué tan eficaz crees que fue la ayuda que le dieron la mamá y la hermana de Habib?

¿Cuál crees que fueron las lecciones más importantes que aprendió Habib a través de esta experiencia?

Muchas veces nosotros somos como la mamá y la hermana de Habib. Queremos ayudar a otros, pero, en vez de ayudarlos, solo solucionamos sus problemas de hoy. ¿Cómo podríamos ayudar a familias necesitadas si no pudiéramos usar dinero?

1. _____

_____

2. _____

_____

3. _____

_____

4. _____

_____

5. _____

_____

Para pensar:
El hombre más rico del mundo vivió en Medio Oriente hace tres mil años atrás. Tenía una fortuna de unos dos millones de millones de dólares y ganaba un salario mínimo, vital y móvil de ochocientos millones de dólares anuales, sin incluir su seguro médico, vacaciones ni su plan de retiro. Creo que podemos aprender algo de él, ¿no? Los orientales lo llaman «Suleyman». Los occidentales lo llamamos «Salomón». Aquí van algunas de sus recomendaciones:

«Poco trabajo, pobreza; mucho trabajo, riqueza».[7]

«El que trabaja, dominará; el perezoso será dominado».[8]

«El cazador perezoso no alcanza presa, pero el diligente alcanza grandes riquezas».[9]

PRINCIPIO DE VIDA:

El trabajo es bendición; nos da dignidad, prospera nuestras vidas, suple nuestras necesidades y, muchas veces, es la expresión de nuestro llamado, nuestra *vocación*.

ACTIVIDADES PRÁCTICAS

Sugerencias para enseñarles a nuestros hijos a trabajar...

1. **Empieza temprano.**

   Cuando los niños aprenden a contar, ya están listos para poder comenzar a realizar algunas tareas en la casa y recibir una paga a cambio. Cuando hablemos del orden y de cómo enseñarles a manejar inteligentemente el dinero, vamos a hablar de cuánto y cómo pagarles a nuestros niños. Pero, por lo pronto, comienza lo antes posible, si se puede este mismo fin de semana que viene.

   Cuanto antes, mejor. Créeme.

2. **Tómalo como un juego.**

   Presenta el trabajo como algo divertido. Trata el tema de ganar dinero como si fuera un juego y no como si fuera un castigo del Altísimo por haberse portado mal. Preséntaselo a tus hijos de una manera positiva:

   «¿Te gustaría tener tu propio dinero para comprarte las cosas que te gustan?».
   «¿Quisieras ayudarme con algunas cosas que tengo que hacer en la casa? Si lo haces, yo te puedo dar unas monedas para que, cuando vayamos al mercado, te puedas comprar algo...».

   Tú, de seguro, conoces a tus hijos mejor que nadie y sabes cuál es la mejor manera de presentarles la posibilidad de ayudar en la casa y de recibir una compensación.

3. Promueve el amor al trabajo duro.

En nuestra cultura latinoamericana, el trabajo se ve como una maldición. «¡Si Adán no se hubiese comido la manzana!...», me dicen a veces en mis conferencias, «...¡entonces no tendríamos que trabajar!». Nada más lejos de la verdad.

Cuando voy a comunidades de fe y la gente me dice algo como eso, les recuerdo que para nuestro abuelito Adán, el trabajo existía *antes* de su pecado de desobediencia. Para cuando Adán y Eva se comieron el fruto prohibido, ya habían estado trabajando en el Jardín del Edén por algún tiempo. El trabajo no es una maldición de Dios por habernos portado mal; el trabajo es una bendición de lo alto que nos permite alimentar a nuestras familias y expresar nuestra creatividad.

F. L. Emerson decía: «Yo soy un gran creyente en el concepto de la buena suerte... y cuanto más trabajo, ¡más suerte tengo!».[10]

Aquí van algunas ideas para promover el amor al trabajo:

- Lo dijimos antes, pero lo repito: haz del trabajo una aventura.

- Lee a tus hijos historias sobre abejas, sobre hormigas laboriosas y, cuando sean un poco más grandes, les puedes leer historias de éxito de gente laboriosa: ¿quién inventó la bombilla eléctrica? ¿Quién desarrolló la empresa de trenes más exitosa del mundo? ¿Quién ayudó a que tanta gente hoy en día pueda tener su propio auto? ¿Quién fue la persona que mejoró el transporte de petróleo y gasolina alrededor del mundo? ¿Quién está construyendo la empresa más famosa de autos eléctricos?, etc.

- Si tus hijos tienen entre tres y cinco años, miren los programas de «Bob y sus amigos» (originalmente llamados «*Bob, the Builder*» en inglés). Búscalos en YouTube.

- Haz trabajos con tus hijos: arreglen cosas de la casa, pinten alguna pared, trabajen en el jardín...

- Haz un proyecto en conjunto que beneficie a tus hijos: pinten su cuarto, cambien las luces, pinten el lugar donde guardan la ropa, restauren algún mueble que ellos usarán en el futuro.

- Lleva a tus hijos al trabajo. Allí ellos te verán en acción y podrás dar el ejemplo de lo que se espera de ellos en el futuro.

- Comiencen un pequeño negocio: cuidando niños más pequeños, cortando el pasto de los vecinos, vendiendo limonada o algo que hagan en la casa...

- Si tus hijos son preadolescentes, pueden vender algunos productos en lugares como eBay®, Craiglist®, Bookscouter.com o half.com.

- Conviertan un pasatiempo en un negocio. Cuando yo era jovencito y vivía en Buenos Aires, solía coleccionar sellos de correos. Para mí, los sellos y las monedas eran un pasatiempo, pero, para la persona que me los vendía, eran una fuente de ingreso, un negocio.

- ¿Les gusta dibujar y pintar a ti y a tus hijos? Pueden pintar carteles para los negocios durante las diferentes fiestas que hay en el año.

- ¿Les gustan los animales? Si tus hijos tienen entre nueve y catorce años, tú y ellos se pueden ofrecer para sacar a pasear y cuidar animales domésticos. Aprende a cortarles el pelo y brinda un servicio de «salón de belleza» para mascotas ¡en tu propia casa!

4. **Abraza el concepto de la excelencia.**

Alguien una vez me dijo: «*Muy bueno* no es suficiente cuando *excelente* es lo que se espera», y me cambió la vida.

Al principio de este capítulo citamos este proverbio de Medio Oriente: «El que hace bien su trabajo, estará al servicio de reyes y no de gente insignificante». Si quieres que tus hijos trabajen con gobernadores, presidentes y líderes corporativos, debes ayudarlos a adquirir un criterio de excelencia.

Algunas ideas para promover el trabajo excelente:

- Cuando tus hijos hagan un trabajo, primero, hazlo tú, enseña, explica y demuestra cuál es el nivel de perfección que se espera del mismo.
- Cuando tus hijos terminen, ve a revisarlo y muéstrales lo que todavía falta para cumplir el trabajo con excelencia.
- No finalices tú el trabajo (si los niños son muy pequeños, entonces finalicen juntos la tarea). Deja que ellos lo hagan y, luego, te llamen nuevamente para una nueva revisión.
- Nunca pagues o des tu visto bueno hasta que el trabajo no esté perfectamente hecho. Por supuesto, «excelente» significa cosas diferentes

para un niño de cinco años que para uno de doce.
Sin convertir tu casa en un lugar de torturas,
espera y demanda excelencia de tus hijos.

- Espera lo mejor de ellos. Si esperas lo mejor de
  ellos, te darán lo mejor. Entonces, ¡celebra la
  excelencia de tus hijos! Apóyalos y ayúdalos a
  hacer las cosas cien por ciento bien hechas.

- No les digas a tus hijos que ellos son malos o
  mediocres en algo. Diles que todo el mundo
  lucha con algo en la vida (matemáticas,
  geografía, historia, sobrepeso, tamaño, etc.),
  pero eso no significa que uno vaya a tener
  notas bajas en una determinada materia de la
  escuela. Solo significa que debemos trabajar
  más arduamente y concentrarnos aún más para
  obtener buenas notas.

- Ayuda a que tus hijos sigan su pasión en la vida.
  En la fuente de la pasión se encuentra el camino
  hacia la excelencia.

5. **Busca la fuente de la pasión en sus vidas.**

En la intersección de sus habilidades, sus intereses y su
perfil de personalidad se encuentra la vocación de tus
hijos. Descúbrela.

No animes a tus hijos a elegir la carrera de su vida
por el dinero que van a ganar. Yo creo que uno puede
llegar a hacer dinero en cualquier profesión. Nuestros
hijos deberían elegir sus carreras mirando con cuidado
sus intereses, el tipo de personalidad que tienen y sus
habilidades.

Cualquier trabajo legal es un trabajo digno.

Se cuenta la historia de un doctor en Estados Unidos que escucha a su esposa gritar desde el segundo piso de la casa.

—¡Querido! ¡Llama al plomero! ¡Llama al plomero! ¡Se nos inunda el baño!

El doctor, inmediatamente toma el teléfono y busca el plomero más cercano. A los diez minutos suena el timbre de la puerta: el plomero. Sin decir palabra, el plomero entra en la casa, va al segundo piso, se dirige al baño y con una herramienta especial sustrae un patito de goma del inodoro.

Baja las escaleras, le entrega el patito al doctor y al mismo tiempo le hace entrega de su factura por 250 dólares.

El doctor mira el patito, mira la factura y finalmente exclama:

—¡Esto no puede ser! ¡Es un robo! ¿Cómo es que me está cobrando 250 dólares por sus servicios?

—Eso es lo que cuesta...

—¿Pero cómo «es lo que cuesta»? Usted no ha estado acá ni una hora. Yo soy doctor ¡y ni siquiera yo gano 250 dólares la hora!

—Bueno... —dice el plomero— cuando yo era doctor, ¡tampoco ganaba eso![11]

Después de recorrer más de cincuenta países del mundo desde fines de los años 90, me he dado cuenta de que uno no necesita ser doctor o abogado para ganar dinero. Yo creo que, en el siglo XXI, más importante que hacer dinero es ser feliz y sentirse satisfecho con lo que uno hace. El asunto es entender que mi llamado, mi «vocación», tiene que ver con la forma en la que estoy diseñado, las habilidades que tengo y las cosas que me interesan en la vida.

También tiene que ver con el acceso que tengo a recursos económicos y el estrato social en el que vivo. Pero, si yo entiendo que mi vocación es sanar gente, por ejemplo, y no puedo estudiar para ser doctor por una razón u otra, quizás pueda trabajar como enfermero. Luego, a través del tiempo, puedo continuar los estudios hacia un doctorado o hacia una especialización en enfermería.

Mi llamado es mi vocación. Mi trabajo debería ser la expresión de esa vocación en la vida. En el centro de la vocación hay satisfacción y paz interior. Ayuda a tus hijos a encontrarla.

6. **Cultiva las habilidades «blandas».**

Conseguir un trabajo no es fácil. Sin embargo, si uno se educa, va a la universidad y adquiere habilidades específicas, probablemente tenga una mejor posibilidad de encontrar un puesto de trabajo.

Por otro lado, la revista Forbes, en un artículo publicado en su página web, dice: «Sin embargo, hay ciertas habilidades que son tan necesarias ahora como lo han sido siempre. Las llamadas "habilidades blandas", como por ejemplo, la manera de escuchar de forma integral, mantener diálogos significativos y la habilidad de mantener conversaciones difíciles, se pueden aprender, pero a menudo no se enseñan en las escuelas».[12] Hoy, más que nunca, las empresas necesitan empleados con habilidades «blandas».

La revista neoyorquina le pidió a su Consejo de Coaches (el famoso *Forbes Coaches Council*) que presentara una lista de las habilidades blandas más buscadas por las empresas el día de hoy. Aquí hay una pequeña lista de cinco en las que podemos trabajar:

A. Empatía.

Laurie Sudbrink de *Unlimited Coaching Solutions* sugirió que la empatía es, probablemente, la habilidad blanda más importante al momento de tener una experiencia exitosa en el lugar de trabajo. La empatía me da la capacidad de ponerme en el lugar del otro, reír con los que ríen y llorar con los que lloran.[13]

Esa capacidad de entender a los demás, ajustar mi perspectiva y cambiar mi comportamiento de acuerdo a la lectura que hago del entorno es absolutamente invaluable.

B. Habilidad de influenciar a los pares.

En el nuevo ecosistema laboral en el que nos encontramos en el siglo XXI, es muy común encontrarse en situaciones en las que el empleado debe trabajar en grupos y no en una estructura laboral vertical. Eso, según Scott Singer de *Inside Career Strategies*, requiere que el trabajador deba ser influyente con sus pares sin, necesariamente, tener autoridad directa sobre ellos.

Para lograrlo, uno tiene que tener la capacidad de «vender» una idea. Esa es la razón por la que animé a mis hijas a leer *El vendedor más grande del mundo*, de Og Mandino, a los catorce años de edad, y el otro clásico, *Cómo ganar amigos e influir sobre las personas*, de Dale Carnegie, a los dieciséis. Cuando sean jóvenes adultos (mayores de dieciocho años) pueden leer *Liderazgo de 360 grados*, de John Maxwell. Se los recomiendo.

C. Inteligencia emocional.

Tonya Echols dice en el mismo artículo que «la capacidad de evaluar y manejar sus propias emociones, así como de construir relaciones profesionales significativas, es una de las habilidades más importantes que poseen los líderes exitosos. Los líderes impactan a otros no solo con sus conocimientos, habilidades y experiencia, sino también influyendo y motivando. Eso significa que deben ser capaces de conectarse emocionalmente con otros para fomentar la confianza y la colaboración», y yo estoy completamente de acuerdo con la señora Echols.

Los líderes exitosos somos vendedores de sueños, somos «espías en la tierra del futuro», según le escuché decir alguna vez a mi buen amigo, el doctor Lucas Leys. Uno debe tener la habilidad de conectarse emocionalmente con las personas con las que trabaja y transmitirles la pasión por la visión que uno tiene plantada en el medio del corazón.

D. Curiosidad.

Las personas más exitosas que conozco en el mundo son profundamente curiosas. Siempre están pensando que pueden aprender algo nuevo. Hacen preguntas. Toman notas. Aprenden incesantemente. Leen constantemente y comparten lo aprendido con la gente que tienen a su alrededor. La curiosidad está conectada con otras dos importantes habilidades blandas: la humildad y la capacidad de saber escuchar a otros.

El «vivo», como lo llamaría en mi país, lo sabe todo. Y, como lo sabe todo, ¿qué se le puede enseñar? ¿Qué nuevo concepto, idea, estrategia o herramienta va a poder aprender si ya lo sabe todo? El vivo no llega muy lejos en el mundo.

E. Capacidad para resolver problemas.

Tanto los emprendedores como los empleados más exitosos son aquellos que saben resolver problemas. Son los problemas que *resolvemos* en la vida los que determinan nuestro valor para la empresa en la cual trabajamos o para la sociedad, no los problemas por los que nos quejamos.

Ayuda a tus hijos a aprender a resolver problemas:

- No resuelvas sus problemas. Hazlo cuando sean pequeños y deja que los resuelvan solos cuando sean más grandes.
- Permite que tus hijos cometan errores. Luego, evalúa cómo evitarlos en el futuro.
- Lean libros de aventuras que tengan misterios que resolver.
- Juega al ajedrez con ellos regularmente.
- Juega a construir cosas con pequeños ladrillos de plástico.
- Cómprales juguetes que vienen desarmados y se deben armar.
- Pídeles que te ayuden regularmente.

Hay muchas otras habilidades blandas de las que podríamos hablar, entre ellas: persistencia, observación, percepción del medio laboral, percepción y evaluación propia, etc. Sin embargo, creo que hemos cubierto las cinco que, considero, son las más esenciales.

7. **Desarrolla relaciones que lleven a la madurez saludable.**

Algún tiempo atrás unos buenos amigos del Ecuador me contaron una ilustración sobre el tipo de relaciones que establecen los seres humanos. La cuento en mi libro *Una esperanza y un futuro*. Ellos me decían que la gente establece relaciones *caninas* o *felinas*.

«Los caninos, como los lobos, los coyotes y especialmente los perros, establecen relaciones caninas»: son fieles, serviciales, protectores. Cuando los gatos, los tigres y otros felinos establecen relaciones, son egocéntricos, individualistas, difíciles de entrenar.

Hay un famoso dicho popular en Estados Unidos que dice: «Los perros tienen dueños; los gatos, *empleados*».

Cuando un *canino* te mira, dice: «Esta persona me alimenta, me cuida, me construyó un lugar donde dormir, me brinda amor... ¡*debe* ser un dios!».

Cuando un *felino* te mira, dice: «Este ser humano me alimenta, me cuida, me construyó un lugar donde vivir, me brinda amor... ¡*debo* ser un dios!».[14]

¿Qué tipo de relaciones les estamos enseñando a nuestros hijos a establecer en la vida? ¿Cómo se relacionan ellos con el resto de la familia? En la medida en que ellos vayan entrando en la juventud y se muevan hacia la vida adulta, deben pasar por un proceso en el que sus relaciones interpersonales comienzan siendo felinas y terminan siendo caninas.

Ellos se deberían convertir en personas que aportan a la familia, al grupo de amigos y a la sociedad. ¿Cómo andamos en esa tarea?

CAPÍTULO 3

La perseverancia

«Nuestra mayor gloria no está en que nunca hemos caído, sino en que cada vez que hemos caído, nos hemos levantado».

Oliver Goldsmith[1]

LA LIEBRE Y LA TORTUGA: UNA FÁBULA DE ESOPO

Un día, la liebre se reía de la tortuga porque tenía sus pies cortos y el paso lento. Eso no le gustó a la tortuga para nada. Entonces le respondió riendo: «Mira, aunque seas tan rápida como el viento, yo te puedo ganar en una carrera».

La liebre, creyendo que eso era simplemente imposible, accedió a la propuesta. Acordaron que el sabio búho sería el juez. Elegiría el camino de la carrera y el lugar donde terminaría.

El día señalado, las dos salieron a la vez. La liebre salió disparada rápidamente hacia adelante mientras que la tortuga seguía a un ritmo lento, pero constante.

Como iba tan adelantada, la liebre decidió tomarse una siestita a medio camino. La tortuga, por su lado, siguió caminando de manera perseverante, paso a paso, centímetro a centímetro hasta que, finalmente, pasó al lado de la liebre durmiente y llegó primera al final del recorrido.

Fue en ese momento cuando la liebre se despertó de su profundo sueño, pegó un salto y volvió al camino... solo para ver cómo la tortuga ya había llegado a la meta y, ahora, estaba descansando con sus amigas mientras se tomaba una merecida naranjada después de tanto trajín.

«Vale más la perseverancia que la rapidez», dijo el búho. ¡Y tuvo mucha razón![2]

Las personas más exitosas que conozco en el mundo de las finanzas son perseverantes. Cuando caen, se ponen nuevamente de pie, se sacuden la ropa y continúan hacia adelante.

Recuerdo que hace muchos años estaba hablando en un evento de alrededor de veinte mil personas en Bogotá, Colombia. Antes de subir a la plataforma, los organizadores me preguntaron si me molestaba, luego de mis enseñanzas, sentarme cerca de una de las puertas del lugar para firmar autógrafos. Yo, inocentemente, les dije que sí lo haría.

Lo que pasó es que no me di cuenta de que, con la cantidad de gente que había en ese recinto, ¡la fila sería kilométrica!

Luego de una hora de estar firmando autógrafos y hablando con la gente, finalmente llegó a mi mesa la última persona. Era una señora. Cuando levanté la vista, vi que estaba llorando. La miré a los ojos y le pregunté:

—¿Qué te pasa? ¿Por qué estás llorando?

—Ya no quiero vivir más —me dijo—. Me quiero morir.

Cuando me dijo eso, inmediatamente luces rojas de peligro comenzaron a encenderse dentro de mi cabeza: hay pocas razones por las que la gente se quita la vida, y el dinero es una de ellas. Así que siempre se debe tomar muy en serio ese tipo de confesiones. Yo me levanté de mi asiento, caminé hacia el otro lado de la mesa, puse mis manos en sus brazos, la miré fijamente a los ojos y le dije:

—No vale la pena. Créeme. No importa la situación por la que estés pasando, todo se puede resolver. Tu vida es mucho más valiosa que cualquier otra cosa en el universo.

Entonces me contó que ella y su esposo tienen una empresa. Me dijo que, cuando ellos la comenzaron, varios años atrás, el negocio les fue muy bien. Crecieron, se expandieron, ahorraron, crearon un fondo de emergencias... Sin embargo, en los últimos años, algo no había funcionado bien.

El negocio empezó a perder dinero de manera regular. Ellos, entonces, comenzaron a tratar de apuntalarlo, primero, con sus ahorros; luego, con su fondo de emergencias; más adelante, vendiendo propiedades; y finalmente, hipotecando su casa y llenando sus tarjetas de crédito. Ahora, me dijo esta buena señora, están bajo una presión increíble.

Los acreedores la llaman todos los días, la maltratan, la amenazan, la insultan... Lo hacen por las mañanas, por la tarde, por la noche, durante las comidas, en los días de descanso. Me dijo:

—Ya no puedo más con la presión que me han puesto encima.

Yo, entonces, le pregunté:

—¿Conoces a un empresario norteamericano que se llama Donald Trump? (eso fue muchos años antes de que el señor Trump fuera candidato a la presidencia de Estados Unidos).

—Sí. Por supuesto. Es uno de los hombres más ricos de su país.

—¿Sabes cuántas veces ese empresario se ha ido a la quiebra? —le pregunté.

—¿A la bancarrota?

—Sí. ¿Sabes cuántas veces a ese señor se le han caído los negocios?

—No.

—Por lo menos cuatro, quizás hasta seis veces.

—No lo puedo creer...

Si Donald Trump se hubiese suicidado después de su primera bancarrota, o después de su segunda, o tercera, nunca hubiese llegado a ser uno de los hombres más ricos de su país.

La vida siempre tiene sus altos y sus bajos. Tiene sus ciclos de abundancia y escasez, de expansión y contracción. El asunto es no darnos por vencidos frente a la caída.

Hay un antiguo dicho del Medio Oriente que dice que uno no debería planear maldades en contra de la gente honrada, porque se caen siete veces y siete veces se vuelven a levantar.[3] Si tienes el corazón en el lugar apropiado, no importa lo que te pase en la vida, siempre hay una oportunidad de volver a reconstruir lo que se perdió.

Hay muchas historias de personas que de la nada construyeron un negocio para volver a la nada y, de allí, una vez más, volver a crecer para hacerse nuevamente ricos y exitosos. Jeff Rose, un escritor de la revista *Forbes*, dice que Abraham

Lincoln, P. T. Barnum (del famosísimo Circo Barnum & Bailey), Walt Disney, Dave Ramsey y Elton John, entre muchos otros, construyeron negocios que se fueron a la quiebra, para volver nuevamente a reconstruir negocios que los hicieron tremendamente exitosos.[4]

El asunto no es caerse. El asunto es tener el compromiso de volverse a levantar.

PREGUNTAS PARA PENSAR EN FAMILIA
(DE LA HISTORIA DE LA LIEBRE Y LA TORTUGA)

Texto: «Un día, la liebre se reía de la tortuga porque tenía sus pies cortos y el paso lento».

¿Por qué crees que la liebre se reía de la tortuga?

Texto: «Entonces le respondió riendo: "Mira, aunque seas tan rápida como el viento, yo te puedo ganar en una carrera"».

¿Qué sabía la tortuga que la liebre no sabía?

Texto: «Como iba tan adelantada, la liebre decidió tomarse una siestita a medio camino».
¿Por qué crees que la liebre se tomó una siesta en el *medio* de la carrera y no esperó para tomársela *después*?

¿Qué es lo que le permitió a la tortuga ganar la carrera?

¿Cómo nosotros podemos ganar, también, cuando tenemos dificultades que otros no tienen?

No todo es trabajo en la vida. ¿Qué hizo la tortuga una vez que cumplió con su meta y ganó la carrera?

¿Cómo podemos asegurarnos de que nosotros descansemos también al final de un día de mucho trabajo o una semana muy difícil?

PRINCIPIO DE VIDA:

La perseverancia nos permite sobreponernos a los problemas de la vida y lograr cosas que el resto del mundo cree que son imposibles.

ACTIVIDADES PRÁCTICAS

Sugerencias para enseñarles a nuestros hijos a ser perseverantes:

1. **Sé ejemplo de perseverancia.**

   Tus hijos deben verte perseverar a través de la dificultad. La idea no es asustarlos o crearles estrés mostrándoles las dificultades por las que estás pasando. Los niños no necesitan estresarse por los problemas de los adultos. Sin embargo, es muy importante que ellos te vean perseverar y vencer los problemas de la vida.

   Uno les puede decir: «No se preocupen. Al final, todo va a salir bien. Si trabajamos duro y perseveramos a través del tiempo, podemos resolver esta situación». También, puedes contarles lo que vas a hacer frente a la situación en la que se encuentran. Eso les ayuda a resolver sus propios problemas en el futuro.

2. **Celebra los logros.**

   Cuando tus hijos demuestren valentía y perseveren en medio de situaciones difíciles, debes celebrarlo. Debes felicitarlos. Debes animarlos. No debes hacer el trabajo por ellos, pero puedes acompañarlos en el camino y animarlos a seguir adelante.

   Cuando celebres su perseverancia, no digas solamente: «¡Buen trabajo!». Eso no es suficiente. Deberías decir algo como: «¿Sabes qué? He notado que trabajaste duro para lograr esta buena nota. No fue fácil, lo sé. Pero es justamente por eso que estoy tan orgulloso/a por esta nota que trajiste a casa».

La primera frase es una felicitación. La segunda, es darle ánimo. Asegúrate de hacer las dos cosas.

3. **Inscríbelos en algún deporte.**

Los deportes desafían a nuestros hijos. No a todos los niños o niñas les gustan los deportes, y eso está perfectamente bien. Sin embargo, si a tu hijo o a tu hija le gustan los deportes, es una magnífica idea inscribirlos en algún club de barrio o animarlos a jugar algún deporte. No siempre practicar deportes requiere dinero. Muchas veces, solo requiere compromiso.

4. **Anímalos a aprender algún instrumento.**

Si a tus hijos les gusta la música, quizás pueden aprender algún instrumento musical. Explora esta posibilidad. Invita a algún amigo/a que toque algún instrumento musical, pídele que lo traiga a la casa y permite que jueguen con él. Aprender un instrumento requiere tiempo y esfuerzo a través del tiempo.

5. **Realicen un proyecto a mediano plazo.**

Puede que alguno de tus hijos quiera comprar una pelota de fútbol, una bicicleta, unos zapatos deportivos, un juego electrónico, quizás hasta un teléfono celular. Esa es una magnífica oportunidad para crear un proyecto familiar.

La idea es proponerles a los hijos que, por cada peso que ellos ahorren, tú vas a poner otro peso encima. Si ellos «trabajan» en tu casa y tú les pagas, entonces pueden calcular en un calendario cuánto tiempo van a tardar en reunir el dinero para comprar lo que ellos quieren. Esta siempre ha sido una idea muy popular en nuestra casa y puede llegar a ser popular en la tuya.

Tener un calendario pegado al refrigerador o en alguna pared ayuda a los niños más pequeños a comenzar a pensar con la perspectiva del tiempo. Si cada día que pasa y se acerca más la meta, tú haces una cruz para ese día, pronto los más pequeños se van a dar cuenta de cómo pasan los días y cómo uno puede planificar en el tiempo.

6. Abre una cuenta bancaria.

Si tienes hijos adolescentes, yo te sugeriría que abras una cuenta bancaria. Tú puedes ser el dueño o dueña de la cuenta, pero todo el mundo en la familia sabe que esta cuenta le pertenece a uno de tus hijos. Allí pueden colocar el dinero que ellos van ahorrando.

La cuenta bancaria les ayuda a desarrollar el pensamiento abstracto, lo que les permitirá llevar mejor sus cuentas personales o las cuentas de su familia en el futuro.

7. Acompaña en el sufrimiento.

Aquí no estoy hablando del maltrato de los hijos o de ser sádicos. Estoy hablando de que nuestros niños, de pronto, se dan cuenta de que las decisiones y las acciones tienen consecuencias.

Acompáñalos en el sufrimiento, pero no tomes las consecuencias de esas acciones sobre tus propios hombros. Anímalos, camina con ellos, dales ideas, muéstrales la puerta, pero no pases por ella en su lugar. Respeta la capacidad de resolución de conflictos de tus hijos. Para eso, debes conocerlos bien, a fin de saber cuál es su capacidad y apoyarlos en las áreas que los superan.

Si dejas que ellos resuelvan las dificultades frente a las que se encuentran, sea aprender a comer por su propia cuenta, vestirse por sí mismos o prepararse para un examen de matemáticas, aprenderán a ser más fuertes y a perseverar frente a la dificultad.

A veces es mejor que traigan una nota baja en alguna materia y que aprendan por sí mismos a levantarla, a que mantengan una buena nota porque tú les hiciste la tarea puesto que ellos se quedaron jugando hasta demasiado tarde la noche anterior.

8. Promueve historias de éxito.

Los niños aprenden del ejemplo de los demás. Nosotros, en Latinoamérica, tenemos ciertas dificultades para crear «héroes». Crea héroes familiares. Cuenta la historia de los abuelos y de cómo ellos se sobrepusieron a las dificultades. Cuenta la historia de primos o tíos que hicieron cosas muy buenas porque trabajaron arduamente.

Puedes, también, contarles a tus hijos historias de personas como Luis Pasteur, Henry Ford, Thomas Edison, el General San Martín, los hermanos Wright y tantos otros «héroes» del mundo que de manera perseverante siguieron adelante a pesar de las dificultades y lograron cosas increíbles. Si asistes a alguna comunidad de fe, quizás puedes contar historias como la de Moisés; José; Sadrac, Mesac y Abednego; Daniel; David y tantos otros que triunfaron frente a la adversidad.

Puedes leer libros que promuevan el concepto de la perseverancia. Visita una librería o haz una búsqueda en Internet para ver qué hay disponible en tu país.

Finalmente, pueden también jugar a ser reporteros y puedes enviarlos a entrevistar a personas que ellos admiren. Pídeles que les pregunten cosas como:

- ¿Cuál fue el desafío más difícil que usted tuvo en su vida?
- ¿Alguna vez tuvo el sueño de lograr algo y enfrentó problemas?
- ¿Cuáles fueron los problemas con los que se encontró y cómo logró vencerlos?

Los chicos tratarán de imitar a sus héroes. Asegúrate de crear héroes apropiados para ellos con regularidad y trae nuevos ejemplos a medida que tus hijos crezcan. Yo todavía hago eso con mis hijos.

9. **Aprovecha los momentos.**

Mira a tu alrededor. Usa la naturaleza. Muestra a tus hijos cómo un árbol puede crecer en la piedra. Cómo una flor puede crecer en el cemento de la calle. Cómo las águilas se renuevan a través de un doloroso proceso de rejuvenecimiento. Presta atención. La vida te dará infinitud de oportunidades para hacer *breves* comentarios apropiados que se queden en el corazón de tus hijos.

10. **Involúcralos en alguna manualidad.**

Cuando mis hijos eran pequeños, tanto las nenas como el varón, yo regularmente compraba en los aeropuertos algún juego que requería un extenso trabajo manual. A mis hijos les encantaba armar esos juguetes, aprendían a perseverar, y a mí me daba una buena excusa para volver a conectarme emocionalmente con ellos luego de un viaje de varios días.

Cada niña y cada niño es diferente y, por eso, cada manualidad era distinta. Pero, en el fondo, eran tareas que requerían concentración, un arduo trabajo, compromiso en el tiempo, y había una gratificación significativa al final del proyecto. Te lo recomiendo.

CAPÍTULO 4

El orden

«El buen orden es el comienzo de todas las cosas buenas».

EDMUND BURKE[1]

EL PASTEL DE MANZANAS

Había una vez, en un pueblo muy lejano, una sabia abuelita que se llamaba Sofía. Una de sus cosas preferidas después de cenar era comer un rico pedazo de pastel de manzanas. Un día, la abuela Sofía se dijo a sí misma: «Voy a hacerme un pastel de manzanas esta noche». Entonces, consultó su receta favorita y revisó la lista de ingredientes:

«Tengo agua, tengo harina, tengo azúcar, tengo mantequilla, tengo todas las especies que necesito...

¡pero no tengo manzanas! ¿Qué voy a hacer?», se preguntó.

Justo en ese momento, estaba mirando por la ventana cuando vio en su patio el árbol de ciruelas que había plantado hacía varios años atrás. Estaba, justamente, dando unas hermosas ciruelas, redondas y rojas. Pero uno no puede hacer un pastel de manzanas con ciruelas. Uno necesita manzanas.

La abuelita no podía dejar de pensar en cómo podía hacer su sueño una realidad. Por fin, se le ocurrió una idea: «¡Seguro que en el barrio debe haber alguien que tenga manzanas y quiera ciruelas!». Así que sacó su canasta, la llenó de ciruelas y salió a caminar por el pueblo.

De pronto, la abuela Sofía llegó a una casa que tenía un patio con muchas gallinas y gansos. En medio de ellos había una joven mujer que les estaba dando de comer maíz. La joven levantó los ojos, vio a la abuela y la saludó alegremente. Un par de minutos después, ya la joven le estaba contando a la anciana sobre sus gallinas y gansos mientras que aquella le contaba sobre sus ciruelas y cómo pensaba cambiarlas por manzanas.

«¡Ahhhh!», dijo la joven. «Lo que más les gusta a mis hijos es comer una ensalada de frutas después de las comidas, y justamente no tengo ciruelas. Pero tampoco tengo manzanas», le dijo la joven mamá. «Lo mejor que le podría dar es una bolsa llena de plumas de ganso. Son muy suaves y calentitas. ¿Se llevaría las plumas por sus ciruelas?».

«Bueno... no son manzanas», pensó Sofía, «pero, ¿por qué no? Una familia feliz es mejor que dos personas que no tienen lo que quieren». Así que la abuela vertió las ciruelas en el delantal de la joven, tomó la bolsa de plumas, la puso en su cesta y se fue.

La abuela Sofía pensó: *Quizás no estoy más cerca de un pastel de manzanas de lo que estaba antes, pero, por lo menos, las plumas son más livianas que las ciruelas.*

Caminó algunas cuadras más en su pintoresco pueblito cuando se encontró, de pronto, frente a una granja. «¡Ahhhhh!», dijo Sofía cuando se acercó a la puerta del jardín. «¡Qué rico huele este jardín!». Allí había rosas, lirios, gardenias, lavanda, jacintos, nardos... ¡Nunca había visto un jardín tan bonito!

Desde el jardín, Sofía podía escuchar a un hombre y una mujer hablando en voz alta.

«Hay que ponerle algodón», dijo la mujer.

«No tenemos algodón. Vamos a tener que usar paja», dijo el hombre.

«Yo quiero algodón», dijo la esposa.

«¡No tenemos!», respondió su esposo.

Y así estaban discutiendo cuando, de pronto, vieron a la abuela Sofía en la puerta de su campito.

«¡Ahhhh! ¡Mira! Aquí hay alguien que nos puede ayudar a decidir», dijo la mujer. Abrió la puerta y le dijo a la visitante: «Si tuvieras que rellenar una almohada, ¿no la rellenarías con algodón?».

«¿Algodón? No. No creo», dijo Sofía.

«¡Te lo dije!», gritó el hombre.

Pero la abuela agitó la cabeza y dijo: «Pero tampoco la rellenaría con paja».

«¡Ahhhh!», dijeron el hombre y la mujer. «¿Y entonces? ¿Qué usaría?».

Sofía sacó rápidamente la bolsa de plumas y dijo: «¡Yo tengo algo mejor! ¿Por qué no usan plumas de ganso? Son suaves y calentitas. Haría que la almohada sea digna de un rey».

«¡Dios mío!», dijo el hombre. «¡Esa es una excelente idea!», dijo la mujer. Estaban tan contentos que le preguntaron a Sofía qué podían darle a cambio de las plumas.

«Bueno, la verdad es que estoy necesitando manzanas. Eso sería lo mejor».

«¡Ahhhh... pero no tenemos manzanas!», dijo el esposo.

«Por lo menos, déjanos darte algunas flores por esas plumas», dijo la señora de la casa.

El hombre y la mujer cortaron una flor aquí y otra allá. Y rápidamente hicieron un gran ramo con las flores más hermosas de su jardín.

«Este fue un buen negocio», dijo la abuela Sofía, «no tengo mis manzanas todavía, pero tengo unas hermosas flores». Se alegró de ver que la pareja se quedó contenta, les deseó un buen día y siguió su camino en búsqueda de manzanas.

Ni bien comenzó a caminar, Sofía se encontró con un joven, muy bien vestido y con una cadena de oro alrededor de su cuello. Su vestimenta se veía muy bonita, pero su cara se veía muy triste.

«Buenos días», le dijo la abuelita Sofía.

«Buenos días para usted, porque para mí son malos».

«¿Qué le pasó?», respondió amablemente Sofía.

«Pues, el joyero del centro de la ciudad no me terminó el anillo que le pedí y ahora tengo que ir a ver a mi amada novia sin poder llevarle nada de regalo».

«¡Ahhh!... ¿Ese es el problema?», dijo la anciana Sofía. «Pues no te preocupes. ¡Tendrás un regalo para tu amada!». La anciana, entonces, abrió su cesta, tomó las hermosas flores y se las entregó al joven novio mientras decía:

«¡Aunque no sé cómo voy a conseguir mis manzanas, la felicidad de dos novios que se aman vale la pena el sacrificio!».

El joven estaba tan encantado que tomó la cadena de oro de alrededor de su cuello y se la puso alrededor del cuello a la abuela.

«No tengo manzanas, pero con esto quizás las puedas comprar», dijo el joven novio y siguió su camino, sujetando las flores contra el pecho.

«¡Una cadena de oro!», gritó de alegría la abuelita Sofía. «Con esta cadena de oro podré comprar todas las manzanas que quiera en el mercado, y tendré monedas de sobra». Se apresuró a llegar a la ciudad tan rápido como pudo.

Cuando iba entrando, de pronto, vio a una mamá de pie a la puerta de su casa rodeada por sus tres hijitos. Todos tenían tristeza en lo profundo de sus ojos.

«¿Qué le está pasando?», preguntó Sofía. «¿Por qué está tan triste?».

Entonces la madre le contestó: «Pues, la verdad, abuelita, es que nos acabamos de comer el último pedacito de pan que teníamos en la casa y ya no nos queda ni una moneda para ir a comprar más comida».

«¡No puede ser!», exclamó Sofía. «Me atragantaría con mi pastel de manzanas después de la cena si tratara de comerlo sabiendo que esta familia pasará hambre esta noche». Así que tomó la cadena de oro de su cuello, la puso con una sonrisa en las manos de la madre e inmediatamente comenzó a caminar hacia su casa.

Sin embargo, ni bien comenzó a caminar, tanto la joven madre como los niños corrieron hacia ella para abrazarla. Mientras festejaban la generosidad y el amor de la abuela Sofía, le dijeron:

«La verdad es que no tenemos forma de pagarle por su ayuda. Pero tenemos un pequeño perrito recién nacido que, cuando crezca, le puede hacer compañía para que no se sienta sola. ¿Qué le parece?».

La anciana no tuvo el valor de decirles que no. Así que allí fue el perrito adentro de la canasta.

Una bolsa de plumas, por una cesta de ciruelas; un ramo de flores, por la bolsa de plumas; una cadena de oro, por el ramo de flores y un perrito por la cadena de oro. En el mundo todo es un asunto de dar y recibir, ¿no? Así pensaba la abuelita Sofía mientras comenzaba nuevamente su regreso a casa.

Por supuesto, Sofía no había caminado ni diez metros cuando, justo delante de sus ojos, apareció un hermoso árbol de manzanas, tan bello y lleno de manzanas como su propio ciruelo lleno de ciruelas. Y en el frente de la casa estaba sentado un ancianito.

«¡Tienes un hermoso árbol de manzanas!», le gritó Sofía tan pronto como estuvo lo suficientemente cerca como para hablar con él.

«Sí», dijo el hombre. «Pero las manzanas no son una muy buena compañía cuando uno se hace viejo. Yo daría cualquier cosa por un perrito que ladrara y me hiciera compañía».

«¡Guau-Guau!», ladró el cachorrito en la canasta de la anciana. Y entonces, en menos tiempo del que se necesita para leer el final de esta historia, ese perrito estaba ladrando en la puerta del agradecido anciano y Sofía iba de camino a su casa con una canasta llena de manzanas.

«Si tienes un plan y sabes lo que quieres, con un poco de esfuerzo, siempre puedes comer un pastel de manzanas para la cena», se dijo a sí misma la abuela Sofía. Esa noche, la sabia abuelita se preparó una rica cena, se hizo un delicioso pastel de manzanas y se lo comió hasta la última miga.[2]

Tener un plan, saber lo que quieres, ser flexible y perseverar en ese plan, te lleva con el tiempo a lograr tus sueños.

Un plan demuestra una manera ordenada de pensar, y el orden es la piedra fundamental de tu éxito económico. Si te quedas conmigo en este capítulo, te voy a dar algunas ideas sobre cómo entrenar a tus hijos para que vivan en orden financiero por el resto de sus vidas.

Piensa en esto: el deseo de orden es más fundamental que el deseo de libertad. Cuando en un país se pierde el orden, muchas veces los ciudadanos están dispuestos a entregar aspectos de su libertad en manos del gobierno para que este ayude a recobrar el orden. Es un concepto profundo, ¿no?

PREGUNTAS PARA PENSAR EN FAMILIA

¿Cuál era el problema que se le presentó a la abuela Sofía?

¿Cómo decidió resolver su problema?

¿Qué cosas podemos aprender del *carácter* de la abuelita Sofía?

¿Qué cosas podemos hacer cuando no tenemos dinero para comprar algo?

PRINCIPIO DE VIDA:

Vivir ordenadamente es el primer paso en la senda que nos lleva hacia la prosperidad integral.

ACTIVIDADES PRÁCTICAS

Sugerencias para enseñarles a nuestros hijos a ser ordenados en sus finanzas:

1. **Proponles hacer un trabajo en casa.**

   Como lo dijimos anteriormente, desde que tus hijos aprenden a contar, pueden empezar a tener responsabilidades en la casa por las que tú les puedas pagar. Vuelve a revisar lo que dijimos antes con respecto al amor al trabajo.

   Si tienes preadolescentes o adolescentes y les estás proveyendo una «mesada» (una cantidad de dinero de manera semanal), vas a tener que reemplazar la mesada por el trabajo. Usa un punto natural para el cambio. Por ejemplo, un cumpleaños, el año nuevo, el comienzo de clases y cosas como esas.

   Les puedes decir: «Bueno... ahora, como eres un jovencito/a más grande, a partir de este año vamos a hacer las cosas de una manera mejor. A partir de este año, en vez de darte una cantidad determinada de dinero para tus gastos cada semana, te vamos a dar una responsabilidad en casa y te vamos a pagar una cantidad de dinero más grande por eso. ¿Qué te parece?... Así puedes tener dinero para ti mismo/a...».

2. **Elije sabiamente las tareas.**

   El trabajo no debe ser un castigo. Debe ser una aventura que esté de acuerdo con la edad y la capacidad personal de cada uno de tus hijos.

   Por ejemplo, cuando una de nuestras hijas tenía apenas cinco años, mi esposa, Rochelle, le sacó una foto arreglando su cama, lavándose los dientes y ayudando a poner la mesa para la cena cada noche. Como estamos hablando de los años 90, ella mandó a revelar esas fotos, les pegó tres imanes en la parte de atrás y los colocó en la puerta del refrigerador.

Allí, habíamos marcado una línea. Al comienzo del día, las fotos comenzaban estando debajo de la línea. En la medida en que el día pasaba, cada vez que se cumplía una tarea, mi hija movía la foto hacia arriba de la línea. Y, cuando las tres fotos estaban sobre la línea, mi esposa le daba sus tres monedas (ya te voy a explicar por qué «tres»).

Nosotros nunca pagamos por tareas que son la responsabilidad personal de nuestros hijos: hacer su cama, recoger sus juguetes, limpiar algo que ellos ensuciaron, estudiar para la escuela... Pero, cuando eran muy pequeños y queríamos que adquirieran un hábito, pagábamos hasta que el hábito estaba establecido. Cuando el hábito estaba establecido, cambiábamos el tipo de trabajo por el que pagábamos, y esperábamos y exigíamos el hábito.

3. **Negocia el tipo de trabajo y la paga.**

Aprender a negociar es una habilidad muy importante que nuestros hijos deben adquirir. Hazles una propuesta. Proponles el tipo de trabajo que ellos van a hacer durante la semana y cuánto les vas a pagar. Negocia. Enséñales el «tire y afloje» de las negociaciones.

4. **Explica claramente cómo se hace el trabajo.**

No solo debes explicar verbalmente cómo se hace el trabajo por el que vas a pagar; debes hacerlo tú primero.

Con paciencia, debes demostrarlo y enseñarlo. Es importantísimo que tus hijos te vean haciendo el trabajo a la perfección, para que desarrollen un criterio de lo que significa que esté «bien hecho».

Luego, hazlo con ellos. Trabaja junto a tu hija o tu hijo hasta que veas que tienen la capacidad de hacerlo solos. No los coloques en una posición predestinada al fracaso. Eso es terrible. Asegúrate de que ellos sepan hacer el trabajo *antes* de dejarlos que lo hagan solos.

Una vez que han aprendido el trabajo, entonces, empieza a pedirles que lo hagan solos. Cuando llega este momento, déjalos trabajar. No irrumpas en su espacio de trabajo para corregir. Permíteles que terminen la tarea por sí mismos. Resiste la tentación de meter la cuchara en el plato.

5. Practica la rendición de cuentas.

Una vez que el trabajo se ha terminado, tu hija o tu hijo deben venir a ti para que revises la tarea realizada. Déjalo todo y ve a revisar el trabajo. No lo dejes para después. Cuando lo dejas todo y vas a revisar el trabajo, les estás enviando una señal a tus hijos: rendir cuentas es sumamente importante. Tus hijos se tienen que acostumbrar a rendir cuentas a otros, y es mejor que lo hagan temprano en la vida.

Cuando vas a ver el trabajo, apunta amablemente a las cosas que se deben mejorar. Recuérdales tus enseñanzas. Recuérdales cómo lo hiciste tú. Pero NO resuelvas el problema. Tú, vuelve a lo que estabas haciendo antes, permite que ellos resuelvan lo que se tenía que hacer mejor y te vuelvan a buscar para rendir cuentas.

Cuando todos los trabajos están «perfectos» (de acuerdo con la capacidad y edad de cada hijo/a), entonces, felicítalos y paga inmediatamente. No lo dejes para después. *El trabajador tiene derecho a su paga.*[3] Si no pagas inmediatamente, vas a perder credibilidad.

Si haces esto por un par de años —y dos o tres años no son una gran inversión con tal de impactar toda la vida de un hijo—, te vas a dar cuenta un día de que ya no vas a necesitar revisar el trabajo hecho por tu hijo o tu hija inmediatamente después de que lo hicieron. Ellos habrán adquirido la costumbre de trabajar con excelencia y hacer las cosas perfectas la primera vez.

Ese fue un día inolvidable para mí: el día en el que me di cuenta de que mis hijas cumplían con excelencia las tareas que les pedía que hicieran, las revisara o no. Esa actitud, luego, la llevaron a sus empleos, donde han cosechado en sus carreras (y su cuenta bancaria) la siembra del amor al trabajo y la excelencia en su corazón.

6. Paga en múltiplos de tres.

Cuando pagues a tus hijos, págales siempre en múltiplos de tres: tres monedas de diez centavos, seis monedas de diez centavos, tres monedas de veinticinco centavos, tres pesos, o seis pesos, o cosas por el estilo (dependiendo del valor del dinero en tu país). Aunque siempre en múltiplos de *tres*.

7. Enseña a dividir el dinero.

La razón del pago en múltiplos de tres es buscar que los niños aprendan a dividir el dinero. La división del dinero es una habilidad esencial para manejarlo apropiadamente. Desde la familia más humilde del país hasta la corporación más gigantesca, todos dependemos de aprender a dividir el dinero apropiadamente para poder manejarlo con éxito.

Cuando les pagues a tus hijos por primera vez, pueden buscar tres recipientes (pueden ser tres jarros, tres vasos, tres latas vacías de comida, etc.), los lavan y les colocan tres carteles:

Una tercera parte la colocas en el recipiente de GASTAR; una tercera, en el de GUARDAR; y una tercera, en el de DAR.

A. Dinero para GASTAR.

Este dinero lo puse primero, no porque sea el más importante. En realidad, el orden de importancia en la vida está de menor a mayor. Quisiera dejar lo más importante para el final.

El dinero para gastar es, básicamente, para que tus hijos lo gasten en lo que quieran. Por supuesto, debe haber alguna orientación por parte de los padres, pero, en general, es dinero que está allí para que se compren cualquier cosa que se quieran comprar. Aquí, uno va a controlar que el juguete sea apropiado para la edad del niño y que no viole principios y valores de la familia.

Fuera de esos parámetros, permite que tus hijos gasten ese dinero como quieran. Es parte de su proceso de aprender a elegir lo mejor. Ellos van a empezar a aprender a comparar precio y oferta. Se van a dar cuenta de que lo barato sale caro y que, a veces, conviene gastar un poco más de dinero para que las cosas duren más.

Por otro lado, van a aprender que, a veces, productos similares se venden a precios diferentes. Van a aprender a elegir, *con el tiempo,* lo mejor.

El dinero para gastar no se puede guardar: está prohibido guardar el dinero de gastar. Hay niños que son tan ahorrativos que querrán guardarse el dinero de gastar. No lo permitas.

El dinero de gastar se debe gastar cada semana. Eso les enseñará a nuestros hijos que el dinero está hecho para la gente y no la gente para el dinero. Les enseñará que hay dinero en la familia que se debe gastar. Si no aprenden que hay un dinero que se debe gastar, cuando sean mayores, no entenderán cuál es la dinámica de un presupuesto familiar y tendrán conflictos con sus cónyuges.

B. Dinero para GUARDAR.

El dinero para guardar es dinero que se debería usar para proyectos a mediano y largo plazo: una bicicleta, un juego electrónico, un teléfono celular, una muñeca de colección, una pelota de fútbol de marca.

Esta es la situación en la que puedes hacer, como lo dijimos antes, un proyecto con tu hija o tu hijo. Puedes proponerle que, por cada peso que ellos ahorren, tú vas a poner uno encima y de esa manera pueden cumplir un sueño económico. Aún hoy en día, ya en su edad madura, mis hijos me proponen proyectos conjuntos en vez de demandar beneficios personales simplemente por el hecho de ser mis hijos.

El ahorro es la base fundamental de la riqueza. Como dicen Stanley y Danko en su famoso libro *The Millionaire Next Door* [*El millonario de al lado*]: La riqueza tiene que ver con lo que tú acumulas y no con lo que gastas.[4]

La riqueza no está mayormente relacionada con la cantidad de ceros que tiene tu salario. La riqueza es la *acumulación* de recursos económicos. Puede que tú ganes un gran salario, pero, si te estás gastando cada peso que tienes encima, tú no eres rico, solo te estás dando la buena vida. Estás a un salario del desastre.

Muéstrales a tus hijos los diferentes tipos de monedas y billetes que ellos pueden ahorrar. Pueden «trazar» las monedas en un pedazo de papel. Luego, pueden buscar en Internet algún vídeo que muestre cómo se hacen las monedas y billetes en tu país o en otros. Pueden, también, jugar a saber cómo se llama el dinero en los diferentes países del continente.

Advertencia: en algunos países es ilegal fotocopiar billetes de dinero. En Estados Unidos, hacer eso puede tener una pena de hasta quince años de prisión.[5] Infórmate bien antes de fotocopiar billetes, cheques, sellos postales, acciones de bolsa y cosas como esas.

Enséñales a tus hijos a guardar siempre parte de sus entradas y las maneras en las que pueden ahorrar. Eso hará una gran diferencia en sus vidas.

C. Dinero para DAR.

Probablemente, esta sea la parte de la división del dinero que más trabajo te va a costar establecer. El dar es una manifestación externa de una condición espiritual interna. Aprendemos a compartir en el proceso de madurar.

Cuando somos inmaduros, somos egoístas y vivimos vidas centrados en nosotros mismos. Si no vemos la generosidad modelada en la vida de nuestros padres o no nos la enseñan, nunca maduramos esta parte tan importante de nuestra personalidad.

En el dar hay gozo. Compartir trae alegría a nuestro corazón y al de los demás. Demuestra que sabemos ponernos en el lugar de los demás, tenemos *empatía*, y consideramos a los demás en la medida en la que cuidamos de nosotros mismos. Para la «gente del Libro» (los cristianos, judíos y musulmanes), dar demuestra que no estamos apegados emocionalmente a las cosas materiales y que hemos puesto en nuestras vidas al Dios verdadero por sobre el dios del dinero.

Dar, como lo dijera Jesús de Nazaret, es mucho mejor que recibir.[6] Mi esposa y yo hemos experimentado en nuestras propias vidas las sabias palabras del famoso Salomón:

«Hay gente desprendida que recibe más de lo que da,
y gente tacaña que acaba en la pobreza.
El que es generoso, prospera;
el que da, también recibe».[7]

Nosotros hemos recibido mucho más de lo que damos, y aquí no solo estoy hablando de bienes materiales.

Quizás lo más importante que hemos recibido es amor, cariño, gracia, fe, esperanza, amistad, vidas cambiadas, matrimonios restaurados, vidas diferentes... Nosotros somos los que hemos salido realmente beneficiados por nuestros actos de generosidad.

El dinero para DAR, entonces, es dinero que tus hijos pueden llevarlo a su comunidad de fe o, si ustedes no son una familia religiosa, pueden elegir una causa social e invertir en ella: niños huérfanos, la pobreza en el mundo, enfermedades terminales, el medio ambiente, animales en peligro de extinción, etc.

Lo importante es desarrollar un corazón generoso y dadivoso en la vida de tus hijos. No es fácil, y no tendrás el mismo éxito en unos que en otros. Sin embargo, tú y yo debemos trabajar en crear una generación compasiva y comprometida en preocuparse no solamente por el bien propio, sino también por el bien de los demás.

CAPÍTULO 5

La moderación

> *«Nunca vayas hacia los extremos. Que*
> *la moderación sea tu guía».*

MARCUS TULLIUS CICERO[1]

TODO CON MODERACIÓN

Había una vez, en la tierra de Fenoscandia, un jovencito llamado Johan (la gente de ese lugar del mundo lo pronuncia «Yuan»). A Johan le gustaban los barcos y le encantaba salir al mar, especialmente con su hermano, Olof (se pronuncia «Ulof»).

Una mañana, bien temprano, Olof le preguntó a Johan si quería ir a nadar a la playa. «¡Por supuesto!», dijo Johan inmediatamente. Entonces, fueron a la cocina, se prepararon algo para desayunar y comenzaron a hacer planes para el resto del día.

Fue en ese momento cuando entró Martha, la madre de los jóvenes aventureros:

«¿Qué están tramando esta mañana?», les dijo mientras guiñaba un ojo.

«Estamos pensando ir al mar», dijo Johan inmediatamente.

«¿Y cuánto van a tardar en volver?».

«Volveremos en un par de horas», contestó el hermano mayor.

«¿Un par de horas?», preguntó Johan quejándose. «¿Cómo un par de horas...?».

La madre le explicó a su hijo más pequeño que ese era el tiempo del verano y el sol estaba muy fuerte. Normalmente, el sol no calienta mucho en la tierra de Fenoscandia, pero en ese tiempo del verano debían ser cuidadosos con la cantidad de horas que pasaban al sol.

«¡Pero dos horas es muy poco!», se quejó el pequeño Johan.

«Anden con cuidado, disfruten de la playa y no se expongan demasiado a los rayos del sol», les dijo pacientemente la madre.

Como a las diez de la mañana, Olof y Johan salieron hacia la playa, felices como perdices. Su madre les dio unas toallas, una bolsa con comida y algunos jugos para calmar la sed.

A las doce del mediodía, los jóvenes todavía no habían vuelto. No regresaron ni a la una ni a las dos ni a las tres de la tarde.

En esos días, en Fenoscandia no había teléfonos celulares. Así que, como para las cuatro de la tarde, sus padres se empezaron a preocupar seriamente y a preguntarse qué harían si sus hijos no volvían a casa. Eran las seis y media cuando aparecieron los dos hermanos: caminando lentamente a través de la puerta, agotados, con los cabellos apuntando en todas direcciones y con su piel roja como un tomate, imposible de tocar. Dolía de solamente mirarla.

«¡Ay, mis hijos!», pegó el grito la mamá. «¡Qué cosa increíble!», decía mientras caminaba de un lugar a otro de la cocina buscando algunas cosas que ponerle a esa piel que no estaba acostumbrada a los rayos tan fuertes del sol.

«¿Qué pasó?», preguntó el padre a Olof con un tono incrédulo.

«Bueno...», comenzó diciendo el hermano mayor. «Después de tres horas de estar en la playa, le dije a Johan que debíamos volver. Pero él insistía en que nos quedáramos un poquito más... un poquito más... un poquito más... y, así pasaron las horas, hasta que nos dimos cuenta de que era demasiado tarde cuando nos empezó a doler la piel. Entonces, volvimos a casa».

«Muy bien. Tú y yo hablaremos luego del asunto. Por ahora ponte estos aceites en la piel y toma el medicamento que te está preparando tu madre».

Luego, el sabio patriarca del clan de los Larsson se acercó a su amado hijo menor mientras su madre le aplicaba ungüentos en todo el cuerpo, lo miró a los ojos y con mucho cariño le dijo:

«Mi amado Johan, yo sé que te das cuenta de que cometiste un gran error. Por eso, no te culpo. Eres un jovencito que tiene mucha vida por delante y muchas cosas que aprender. Hoy te voy a enseñar una gran idea que la hemos compartido en nuestra familia de padres a hijos, de abuelos a nietos, de generación en generación por cientos de años. ¿La quieres aprender?».

«Sí, padre», dijo Johan con tristeza en el corazón, porque sabía que había desobedecido a su madre y había metido en problemas a su hermano mayor.

«El concepto es: *Lagom är bäst*»,[2] dijo el padre y esperó por un minuto la reacción de su hijo.

«¿*Lagom är bäst?*...».

«Sí señor. En el idioma de nuestros ancestros eso significa: la cantidad apropiada es la mejor. Ni muy-muy, ni tan-tan. *Lagom är bäst*, m'hijo. Aprende a vivir moderadamente. Disfruta de la vida, pero no vivas en los extremos. Un poco de sol, un poco de playa, un tiempo divertido con tu hermano está muy bien. Demasiado de algo bueno siempre nos trae problemas».

Y así quedó en la historia familiar. De generación en generación, la gente de Fenoscandia (y, especialmente, la gente que en nuestros días vive en el país de Suecia) dice: «*Lagom är bäst*; la cantidad apropiada (la justa medida), ¡esa es la mejor!».

«La marca de un gran corazón es aquel que muestra
moderación en medio de la prosperidad».
Séneca[3]

PREGUNTAS PARA PENSAR EN FAMILIA

¿Cuál crees que es el verdadero significado de *Lagom är bäst*?

¿Qué ejemplos podemos pensar para aplicar la «moderación» a nuestra vida?

¿Por qué crees que alguna gente confunde el vivir demostrando moderación con ser una persona amargada?

PRINCIPIO DE VIDA:

Una vida equilibrada y moderada, es una vida que trae una economía saludable y paz al corazón.

ACTIVIDADES PRÁCTICAS

Sugerencias para enseñar a nuestros hijos a ser moderados en sus finanzas...

1. **Comienza temprano.**

   Cuanto antes empieces a enseñar moderación, mejor. Los niños no son «pequeños adultos». Son niños. Por eso, los temas del dinero que debemos enseñarles son diferentes en cada etapa de sus vidas y están conectados con la forma en la que viven el resto de sus vidas.

   Para los jóvenes de dieciocho a veinticinco años de edad, hemos escrito un libro que se llama *Una esperanza y un futuro* (publicado por HarperCollins).

   Para los jovencitos de catorce a dieciocho años, publicamos un libro llamado *Finanzas inteligentes para una nueva generación* (publicado por Editorial Vida). Este fue un trabajo por el que siempre estaré agradecido al doctor Lucas Leys y su equipo de Especialidades Juveniles.

   Para los niños y adolescentes de entre cinco y catorce (que es el enfoque de este libro), necesitamos enseñar temas fundamentales que moldearán su carácter, como la moderación. Este es un concepto que corre diametralmente en contra de nuestras tendencias como seres humanos. Como la generosidad, la moderación demuestra un carácter saludable y que va madurando.

2. **Enseña con amor.**

   Aplica el amor a tus enseñanzas sobre la moderación. Tus hijos no quieren establecer límites, pero los necesitan. Te recomiendo el libro *Límites para nuestros hijos*, escrito por los doctores Henry Cloud y John Townsed, publicado por Editorial Vida a finales de los años 90. La serie «Límites» es muy buena y nos ha ayudado a mi esposa y a mí en nuestras vidas.

3. **Enseña moderación electrónica.**

Hace un tiempo atrás estuve leyendo un material escrito en Chicago por Paul Chernyak,[4] un consejero profesional graduado de la Escuela Americana de psicología Profesional, sobre el tema de cómo enseñarles moderación a nuestros hijos. A continuación te comparto algunas de sus ideas y de las mías:

- Establece una hora del día en la que todos los aparatos electrónicos se deben apagar.
- Demuestra moderación electrónica evitando que tus hijos te vean «dentro» de tu teléfono a la hora del desayuno.
- Evita mirar una película detrás de otra o ver una serie completa de TV en un fin de semana.
- Asegúrate de estar en control del acceso que tus hijos tienen a sus aparatos electrónicos: televisión, teléfono, computadora, juegos, etc. Una amiga mía, por ejemplo, programó su televisión para que deje de funcionar a una determinada hora de la noche. Otros amigos ponen límites a la cantidad de tiempo que los juegos electrónicos se pueden usar en su casa.
- Enseña sobre experiencias electrónicas «buenas» (un programa para leer libros, un juego que enseña matemáticas) y experiencias «no tan buenas» en las que tenemos que andar con cuidado (como con las redes sociales).

- Negocia con los hijos más avanzados en edad la cantidad de tiempo que le dedicarán a los medios electrónicos. Si se los prohíbes totalmente, solo crearás un deseo profundo en ellos por pegarse a su tecnología. Si les preguntas cuánto creen que es suficiente tiempo, puedes negociar una cantidad al día y demostrar que uno puede disfrutar de todo con moderación.

- No uses la tecnología para recompensar a tus hijos («Si traes una buena nota, puedes mirar más televisión, o puedes jugar más tiempo en línea»). Si lo haces, ellos empezarán a ver el acceso a los aparatos electrónicos como si fuera un premio, una remuneración en sus vidas.

4. Enseña moderación con las comidas.

- Establece un lugar específico en la casa para las comidas. No coloques allí una televisión ni permitas que se usen dispositivos electrónicos mientras están comiendo. Eso ayudará a que tus hijos no coman demasiado sin darse cuenta.

- Permite que haya dulces en un plato una vez a la semana en la mesa de la casa. Una vez que los dulces se acaben, no coloques más en ese plato hasta la siguiente semana.

- Ofrece postres saludables alternativos a los que tienen abundante azúcar.

- Demuestra moderación en la forma en la que tú comes. Puedes decir: «Quisiera algunos pedazos más de pizza, pero creo que con estos dos pedazos tengo más que suficiente para esta noche».

5. Enseña moderación económica.

- Sé ejemplo en vivir moderadamente, sin importar tu nivel de ingresos en la casa.
- Usa las oportunidades que tengas «en el camino», mientras vives la vida, para conversar sobre el tema.
- Crea un plan para controlar gastos y síguelo. Muéstrales a tus hijos cómo lo haces.
- Establece una cantidad máxima en el costo de una compra.
- Muéstrales a tus hijos la diferencia entre una «necesidad» y un «deseo». Ayúdalos a hablar correctamente.

Milenka Peña, una buena amiga que colaboró con nuestra organización por muchos años, cuenta que, para enseñar esta importante diferencia a sus hijos cuando eran pequeños, colocó dos tarjetas en la puerta del refrigerador de la cocina. Una decía: «Quiero», y la otra: «Necesito».

Cada vez que sus hijos venían con una idea creativa sobre algo nuevo que, según ellos, «necesitaban» comprar, ella simplemente señalaba las famosas tarjetas y les preguntaba: «¿Es esto una necesidad o es un deseo?». Si se ponían de acuerdo en que era una necesidad, se intentaba satisfacerla de alguna manera. Sin embargo, la mayoría de las veces se trataba simplemente de un deseo y, en ese caso, acordaban que lo comprarían solamente si existían suficientes recursos en el presupuesto familiar o como una recompensa por alguna labor bien hecha.

Después de un tiempo ya no había que guiarlos para que fueran delante de los carteles del refrigerador. Los chicos por sí solos aprendieron a darse cuenta de la diferencia entre una necesidad y un deseo, y muchas veces ya ni siquiera sugerían su compra. Por años he escuchado a Milenka contar esta historia en las conferencias que compartimos a lo largo y ancho del continente y siempre me pareció una magnífica idea. Es sencilla, práctica y efectiva... ¡digna de imitar!

Ten un lenguaje que se oponga al consumismo reinante. No debes comenzar una campaña contra el consumismo en el mundo. Simplemente, usa un lenguaje no consumista.

Por ejemplo: «Para la quinceañera, ¿por qué no hacemos una lista de las metas que queremos lograr con esta celebración y luego vemos cómo lo podemos hacer?».

O quizás: «A nosotros, en casa, nos interesa más la calidad que la marca. Busquemos calidad».

O también: «No hay nada malo en tener ropa que haya sido ligeramente usada. Al final, ni bien te la pongas, la gente no va a saber si la usaste tú u otra persona antes. Así puedes tener ropa que se vea muy bien, y que no cueste tanto».

Cuando éramos jóvenes, teníamos dos hijitas y no teníamos mucho dinero. Recuerdo que íbamos a ventas de garaje en barrios donde vivían los ricos alrededor de la ciudad de Chicago. Allí encontrábamos ropa de marca, de muy buena calidad y a precios casi regalados. Esa ropa les duraba mucho más y costaba mucho menos que la ropa barata del supermercado.

Lo mismo hacíamos con los muebles de la casa. Era un orgullo encontrar una hermosa silla, un buen sillón, una lavadora o una mesa a un precio realmente bajo porque una familia con recursos estaba remodelando la casa y cambiando los muebles.

Nuestros hijos aprendieron que nuestra identidad como familia y como individuos no está determinada por las cosas que tenemos o dónde las compramos. Aprendieron que las cosas materiales vienen y van, pero hay ciertas cosas en la vida, muchas veces inmateriales, que duran para siempre. Al camino a la felicidad se accede aprendiendo la diferencia.

CAPÍTULO 6

El ahorro

«Un peso ahorrado son dos pesos ganados».

Benjamin Franklin[1]

EL QUE GUARDA SIEMPRE TIENE

Había llegado la primavera y, con las primeras flores que se abrieron en el campo, la mamá topo comenzó a preparar las cosas para que sus tres topitos pudiesen comenzar a vivir solos y tener sus propias casas en la tierra.

«¡No se olviden!», les recordó su madre cariñosamente. «Guarden una lombriz al día para tener durante el invierno».

Tito, el hijo más pequeño, dijo sin titubear: «¡Claro!». Sin embargo, el hermano más grande, Toto, contestó sin prestar mucha atención al consejo de su madre. «No te preocupes, mamá. Soy el más grande, el más fuerte y puedo conseguirme todos los gusanos que quiera».

El hermano del medio, Tomy, ni se dio por enterado. Solo podía pensar en lo bien que sabían las lombrices en esta época del año.

De todas maneras, la mamá volvió a repetir: «¡Una lombriz al día...!».

Los hermanos salieron al campo y encontraron un buen lugar en donde hacer un túnel en el que pudiesen vivir. Tito, como era pequeñito, hizo un pequeño túnel y quedó a poca distancia de la superficie. Tomy, como era un poco más grande, cavó un túnel más profundo que terminaba debajo del de Tito. Toto, como era el mayor, hizo un gran túnel que quedó por debajo de sus dos hermanos.

Mientras pasó la primavera, el verano y el otoño, Toto y Tomy se comieron cada lombriz que pudieron encontrar, especialmente Tomy, que era el más glotón de los tres y le encantaban las lombrices.

Tito les dijo al comienzo:

«No nos olvidemos: mamá nos dijo que debemos guardar una lombriz por día». A eso, sus hermanos contestaron con burlas y risas.

«Ahora vivimos independientemente y no necesitamos hacer lo que mamá nos diga...», dijeron los grandulones.

Sin embargo, obediente a su madre, Tito comenzó a guardar lombrices desde la primavera para cuando llegara el invierno. Primero, guardaba la lombriz del día y, luego, cuando conseguía otra, se la comía. Eso significaba que, mientras sus hermanos iban creciendo en tamaño y en panza (especialmente Tomy), Tito crecía de a poquito.

Cuando llegó el invierno, la temperatura se puso tan fría que un día hasta la tierra se congeló. Fue entonces cuando Tito decidió meterse en su pequeña casita, con todas sus lombrices, y dormir tranquilo el resto del invierno sabiendo que tenía más que suficiente comida para llegar a la primavera.

Ni bien se acurrucó en su camita escuchó que alguien golpeaba a la puerta. Cuando abrió, se encontró con su hermano Tomy, temblando y muerto de hambre.

«¿Qué te pasó?», preguntó Tito.

«¡Trabajé todo el día y no encontré ni una miserable lombriz!», confesó el topo glotón. «¿Qué voy a hacer? ¡Me voy a morir de hambre!».

«No te preocupes, hermanito», le dijo su hermano más pequeño, «desde la primavera vengo ahorrando lombrices y ahora tengo suficiente no solo para mí, sino también para ti. Entra a mi casita y pasaremos el invierno juntos».

«¡Muchísimas gracias, Tito! Me has salvado la vida», le dijo agradecido de corazón su hermano del medio.

No se habían terminado de acomodar, cuando, nuevamente, escucharon que alguien golpeaba la puerta de la pequeña casita enterrada. Cuando fueron a abrir, se encontraron con su hermano mayor, Toto, blanco como una hoja de papel, temblando de frío y muerto de hambre.

«¡Toto! ¿Qué te pasó?», preguntaron los hermanos más jovencitos.

«¡Trabajé todo el día y no encontré ni una miserable lombriz!», confesó el topo mayor. «Yo pensé que con mis músculos y mi tamaño siempre iba a poder encontrar algo. ¿Qué voy a hacer? ¡Me voy a morir de hambre!».

«No te preocupes, hermanito», le dijo su hermano más pequeño, «déjame mostrarte algo. ¡Síganme!», dijo Tito y los llevó al fondo de su casita.

Allí había cuatro pozos, todos llenos de lombrices. Entonces les dijo a sus hermanos:

«Cuando llegó el final de la primavera y me di cuenta de que ustedes no estaban ahorrando, decidí hacer estos cuatro pozos ¡y ahorrar lombrices para ustedes también! Así que no hay nada de qué preocuparse. Quédate en mi casita y pasaremos el invierno juntos».

Los dos hermanos mayores estaban tan avergonzados que no sabían qué decir. Finalmente, le pidieron perdón a Tito por haberlo tratado tan mal y le prometieron que nunca más se reirían ni se burlarían de él.

Así fue como los tres hermanos topos pasaron el invierno y fueron muy buenos amigos, ayudándose unos a otros por el resto de sus vidas. Y así, también, es como alguna gente afirma que nació ese famoso refrán que dice: «El que guarda siempre tiene».

Aprendamos a guardar y siempre tendremos para nosotros y para compartir.[2]

PREGUNTAS PARA PENSAR EN FAMILIA

¿Por qué crees que la mamá de estos topos sabía que debían guardar una lombriz al día?

¿Por qué será que Tito escuchó la recomendación de su mamá, pero Tomy y Toto no?

¿Cómo crees que se sintió Tito cuando sus hermanos se burlaron de él?

¿Por qué Tito continuó ahorrando una lombriz al día a pesar de que sus hermanos no lo hacían?

Cuando Tito se dio cuenta del error de sus hermanos, ¿qué decidió hacer y por qué?

¿Cuál es el dicho popular que surge de esta historia?

¿Qué tipo de cosas debemos guardar nosotros ahora porque más adelante las vamos a necesitar?

PRINCIPIO DE VIDA:

El que guarda siempre tiene. El ahorro y la inversión son la piedra fundamental de la riqueza.

ACTIVIDADES PRÁCTICAS

Sugerencias para enseñar a nuestros hijos a ser ahorradores:

1. **Demuestra una mentalidad de ahorro.**

    En el caso del ahorro, el *ser* precede al *hacer*. Tú necesitas ser ahorrador (o ahorradora) como parte de tu propio carácter. Nadie está diciendo que debes abrazar la tacañería. Ser tacaño es una manifestación de un amor excesivo al dinero, y eso, según el famoso Pablo de Tarso, es la raíz de muchos problemas y sufrimientos en la vida.[3]

    Ser tacaños también puede ser el resultado de haber convertido al dinero en un ídolo en tu vida. No adores al dinero. No es un buen dios.

    Nosotros debemos *ser* ahorradores. Eso significa que apagamos las luces cuando no las necesitamos, cerramos el agua cuando no la usamos, arreglamos los grifos que están goteando y, si algo no está roto, no lo cambiamos. Aprendemos a reciclar, a reusar las cosas y dejamos la menor huella de carbono posible. Vivimos con menos y lo que tenemos lo disfrutamos más.

    Implementemos un estilo de vida «80-10-10». Usemos el diez por ciento de nuestros ingresos para ahorrar, el otro diez por ciento para compartir (o para llevar a nuestra comunidad de fe), y vivamos con el ochenta por ciento restante.

    Seamos ahorradores y nuestros hijos nos imitarán.

2. Usa jarros transparentes.

Cuando implementes el sistema que te recomendamos anteriormente (con jarros de dinero para gastar, guardar y dar), usa jarros transparentes. De esa manera, tus hijos no solo aprenderán el concepto del ahorro, sino que también podrán ver el dinero acumularse a través del tiempo.

3. Abre una cuenta conjunta en el banco.

Ya lo dijimos antes, pero lo repetimos: cuando tus hijos lleguen a los diez o doce años, ya puedes abrir con ellos una cuenta de ahorros en el banco. Esto no solo les enseñará sobre cómo trabajan los bancos; también desarrollará en ellos el pensamiento abstracto, que es muy importante para manejar en el futuro sus tarjetas de débito, crédito y compromisos económicos.

4. Cuenta historias folklóricas.

Hay muchas historias hermosísimas que tienen desafíos matemáticos. Un hermoso grupo de ellas, por ejemplo, son las que contaba el brasilero Julio César de Mello y Souza. Él fue el creador de las famosas columnas periodísticas llamadas «Los relatos de Malba Tahan», (ese era el seudónimo que usaba), y de la novela *El hombre que calculaba*, donde narra el viaje de Beremiz, su personaje principal.

Cristina Carrillo Rivero escribió «Cuentos para aprender de economía, 15 historias de siempre para aprender las finanzas de hoy». Otro lugar muy lindo donde conseguir cuentos es «Cuentopía», un sitio creado por Pedro Pablo Sacristán (en cuentosparadormir.com). Te los recomiendo.

Busca historias, fábulas y cuentos en Internet. Lee esas historias a tus hijos. Se les quedarán en el corazón por mucho más tiempo que los consejos que les des con la mejor de las intenciones.

5. **Practica juegos financieros.**

Usa oportunidades en las que los chicos estén en casa o vayan de vacaciones para practicar juegos financieros. En un blog creado por una aplicación de teléfonos llamada «Finerio»,[4] encontré algunas recomendaciones de juegos interesantes que están disponibles en nuestro mundo de habla hispana. Juegos como Monopoly, Decisiones de peso (un juego mexicano), De empleado a millonario, Mayordomo (otro juego creado en México) o Cashflow.

Cuando jugamos, nos comportamos como realmente somos, y las experiencias en el juego nos van dejando lecciones en la vida. Juega con tus hijos.

6. **Usa ejemplos de la vida real.**

Presta atención a las oportunidades que te da la vida para demostrarles a tus hijos que siempre es mejor ahorrar en vez de pagar intereses. Pasa frente a un comercio y muéstrales cuánto terminará pagando por el refrigerador o la televisión la gente que paga en cuotas.

Luego, muéstrales lo que esa misma cantidad de dinero colocada en una inversión al diez por ciento anual por sobre el nivel de inflación puede redituarles en diez, quince o veinte años. Puedes usar una aplicación de teléfono que te ayude a hacer esos cálculos o visitar nuestra página web, en CulturaFinanciera.org, y buscar ayuda allí usando nuestras calculadoras financieras.

7. Edúcales acerca de las tres razones para ahorrar.

Cuando tus hijos vayan llegando a la adolescencia, comienza a educarlos sobre las tres razones por las cuales debemos ahorrar: (a) ahorro personal, (b) ahorro para emergencias y (c) ahorros para la jubilación.

El ahorro personal es para comprar cosas que normalmente no están en el plan de control de gastos familiares. El ahorro para emergencias es para crear un «fondo de emergencias» al cual acudimos cuando tenemos problemas (es el dinero que los abuelos tenían debajo del colchón), y el dinero para la jubilación es para poder invertirlo en un ingreso extra para cuando ya no tengamos que ir a trabajar todos los días.

Nuestra generación es la primera que se está gastando todo lo que tiene en vez de guardar algo para el futuro o «para los días malos», como dirían algunas de nuestras abuelas. Si vamos a crear una generación más próspera que la nuestra, vamos a tener que enseñarles a ahorrar y a invertir a mediano y largo plazo. Eso comienza temprano, y comienza en casa.

8. Practica la gratificación diferida.

La «gratificación diferida» es un concepto que ha desaparecido de nuestro continente. Tal es así, que ni siquiera sabemos qué significa. Nuestros padres y abuelos practicaban la gratificación diferida, aunque ellos no sabían que se llamaba así. De todas maneras, nosotros estamos donde estamos porque ellos abrazaron el concepto.

La gratificación diferida significa «decir "no" a algo *el día de hoy*, para poder decir "sí" a algo mejor *mañana*». Si yo tuviese cien euros conmigo en este momento y te ofrezco los cien ahora mismo o doscientos para cuando termines de leer el siguiente capítulo, ¿qué preferirías?

¿Preferirías los cien ahora mismo o preferirías los doscientos para cuando termines el siguiente capítulo?

Eso es la gratificación diferida: decir «no» a algo en este momento para poder decir «sí» a algo mejor más adelante. Practicar la gratificación diferida es esencial para poder ahorrar, invertir, desarrollar un emprendimiento y construir un futuro mejor en la vida.

No sé si tu madre o tu abuela te hayan dicho alguna vez una cosa como esta, pero yo he escuchado a mi madre decirlo muchas veces: «¡Y bueno...! ¡Nosotros nos sacrificamos, pero por lo menos ustedes, chicos, están mejor!».

Esa es una clara muestra de gratificación diferida. Esa generación se sacrificó para que nosotros pudiéramos estudiar, conseguir mejores trabajos, comenzar empresas y tener un estándar de vida mejor.

Nosotros somos la primera generación que ha sacrificado a sus padres y está sacrificando a sus hijos en el altar de su propio hedonismo. Nos estamos gastando en nosotros mismos cada peso que tenemos encima... ¡y «algunitos» más! (porque no tendríamos deudas si no estuviésemos gastando más de lo que ganamos).

Practiquemos la gratificación diferida. Enseñémosles a nuestros hijos a practicarla regularmente, y su experiencia de vida será mucho más rica que la nuestra, no solamente en términos financieros.

CAPÍTULO 7

El amor a la libertad

«El que pide prestado es sirviente del que presta».

SALOMÓN[1]

EL TIGRE SIN COLOR

Se dice que, hace mucho tiempo atrás, en el corazón de África, había un zoológico que tenía un tigre sin color. Todos sus tonos eran grises, blancos y negros. Era tanto así que parecía salido de una de esas películas antiguas. Sin embargo, su falta de color lo había hecho muy famoso. Tan famoso que los mejores pintores del mundo entero habían visitado su zoológico tratando de colorearlo, pero ninguno había conseguido nada: todos los colores y pigmentos resbalaban de su piel.

Fue entonces cuando apareció Chiflus, el pintor chiflado. Era un artista extraño que andaba por todas partes pintando alegremente con su pincel. Mejor dicho, hacía como si pintara, porque nunca mojaba su pincel y tampoco utilizaba lienzos o papeles; solo pintaba en el aire, y por eso decían que estaba chiflado.

Esa es la razón por la que les hizo tanta gracia a todos que Chiflus dijera que quería pintar al tigre gris.

Al entrar en la jaula del tigre, el chiflado pintor comenzó a susurrarle a la oreja, al tiempo que movía su seco pincel arriba y abajo sobre el animal. Para sorpresa de todos, la piel del tigre comenzó a tomar colores, los colores y tonos más vivos que un tigre pueda tener. Chiflus estuvo mucho tiempo susurrando al gran animal y retocando todo su pelaje, que resultó bellísimo.

Todos quisieron saber cuál era el secreto de aquel pintor tan genial. Chiflus explicó que su pincel solo servía para pintar la vida real. Por eso no necesitaba usar colores, usaba palabras. Por eso había podido pintar al tigre con una única frase que susurró a su oído continuamente. Le dijo: «En solo unos días volverás a ser libre; ya lo verás».

Cuando los responsables del zoológico vieron la tristeza que el encierro le causaba al tigre, y la alegría que le causaba pensar en su libertad, decidieron llevarlo a la selva y lo dejaron ir. Así, viviendo en libertad, el hermoso tigre nunca más perdió su color.[2]

Esta historia, del español Pedro Pablo Sacristán, nos muestra la importancia que tiene la libertad en nuestras vidas. Fuimos creados para ser libres.

Sin embargo, hoy en día, hay cientos de miles de familias latinoamericanas que, en vez de disfrutar de la vida, la viven descolorida, como el tigre de nuestra historia. Tienen un gran potencial. Están llenos de color en su interior. Pero las presiones económicas y el alto nivel de endeudamiento les hacen vivir en blanco y negro.

«El deudor es el esclavo del acreedor», dice Salomón, el hombre más rico del mundo. Y esa es una gran verdad. Era verdad en una cultura agrícola-ganadera de Medio Oriente hace tres mil años atrás, y es verdad el día de hoy en Buenos Aires, Santiago, Lima, Brasilia, Ciudad de México o Miami.

Alex Veiga, de la Associated Press, escribiendo para el *Huffington Post*, dice que el dinero es la razón número uno por la que los casamientos terminan en divorcio en Estados Unidos.[3] Luego de viajar más de un millón y medio de kilómetros por el continente latinoamericano, a mí me parece que las cosas no son mejores al sur del Río Bravo...

Si queremos crear una generación más próspera que la nuestra, vamos a tener que enseñarles a nuestros hijos a amar la libertad.

PREGUNTAS PARA PENSAR EN FAMILIA

¿Cuál crees que fue la razón por la que el tigre de nuestra historia no tenía color?

Si los trabajadores del zoológico lo cuidaban bien, lo alimentaban bien, le daban un lugar para vivir, y si era un tigre famoso, ¿por qué será que, aun así, permanecía en blanco y negro?

¿Qué nos dice eso sobre las cosas que nos hacen felices?

¿Por qué será que, cuando le debemos algo a alguien, nos convertimos en sus esclavos?

¿Qué otras cosas nos esclavizan?

PRINCIPIO DE VIDA:

Nacimos para ser libres. Ama la libertad.

ACTIVIDADES PRÁCTICAS

Sugerencias para enseñar a nuestros hijos a evitar la esclavitud financiera:

1. **Ama la libertad financiera.**

   Quizás todavía no estés totalmente fuera de deudas, pero eso no quiere decir que no ames la libertad. Si tus hijos ven en ti un deseo real de vivir en libertad financiera, ellos entenderán la lección y adoptarán la misma actitud para su futuro.

   Tus comentarios, explicaciones, oraciones y acciones personales hablan mucho más fuerte que una clase sobre endeudamiento personal y empresarial. Ama la libertad y tus hijos la amarán también.

2. **Aprovecha las oportunidades.**

   Habla a tus hijos sobre los compromisos apropiados y los que uno nunca debería asumir. Cuenta historias de parientes, amigos y conocidos. Lee algún recorte de diario o revista, imprime alguna noticia que hayas visto en Internet o un vídeo que hayas encontrado en YouTube.

   Arpovecha los momentos en que tus hijos muestran disposición a aprender. En mi casa, eso ocurría, normalmente, después de las once de la noche alrededor de la mesa de la cocina de nuestra casa. Cuando surge el tema, es tu oportunidad de enseñar. Presta atención a esas oportunidades. Son preciosas.

   Cuando era jovencito, una vez escuché que hay tres cosas que no vuelven en la vida: la palabra que se dice, la flecha que se dispara y la oportunidad que se pierde. Presta atención a tus oportunidades de enseñanza.

3. Enseña sobre deudas «posibles» e «imposibles».

No todos los compromisos económicos son iguales. Existen compromisos «posibles», los que se hacen para inversiones que *suben* de valor a través del tiempo. Esas son cosas como un terreno, un departamento, la construcción de una casa (o la casa ya construida), un negocio y cosas por el estilo.

Existen deudas «imposibles», que son las deudas que la gente adquiere para comprar cosas que *pierden* valor a través del tiempo: un refrigerador, un juego de sala, una televisión, una computadora, un teléfono, etc. Uno *nunca* debería contraer deudas «imposibles», y las «posibles» debería asumirlas con mucho cuidado.

4. Habla sobre el riesgo y cómo manejarlo.

Aun cuando contraemos deudas «posibles», eso no quiere decir que estemos fuera de peligro. Todo lo contrario. Cada compromiso económico tiene un cierto nivel de riesgo y debemos entenderlo para saber si podemos o no podemos vivir con él y cumplirlo fielmente.

Shannon Ryan es una contadora pública certificada que vive en el sur de California. Tiene un sitio web que se llama *The Heavy Purse* [La cartera pesada]. Ella sugiere conversar con los hijos sobre una serie de preguntas al momento de pensar en contraer una deuda. Estas son las preguntas que sugiere la señora Ryan:

- ¿Por qué estoy pidiendo dinero prestado? ¿Es una necesidad o un deseo?
- ¿Necesito esto ahora o podría ahorrar mi dinero para ello y comprarlo más adelante?

- ¿Puedo hacer los pagos y mantener mi estilo de vida?
- ¿Cuánto tiempo voy a tardar en pagar el préstamo? ¿Vale la pena?
- ¿Qué pasa si no puedo pagar mi préstamo? ¿Cómo salgo de él?[4]

Cuando asumimos un compromiso económico siempre debemos tener una manera *garantizada* de poder pagarlo. Eso se llama «Principio del compromiso garantizado». Enseña a tus hijos a garantizar sus compromisos *posibles* y a nunca contraer deudas *imposibles*.

5. **Por sobre todo, habla de libertad.**

Todas «las religiones de El Libro» (la judía, la musulmana y la cristiana) tienen historias de libertad que inspiran a sus feligreses.

Los judíos apuntan a Moisés y el proceso de liberación del yugo de Egipto. Los musulmanes cuentan la historia de la Hégira de La Meca hacia Medina. Los cristianos apuntan a Jesús de Nazaret diciendo: «Conocerán la verdad, y la verdad los hará libres».[5] Y, luego, diciendo también: «Si el Hijo los hace libres, ustedes serán verdaderamente libres».[6]

Nuestro Creador nos hizo libres y quiere que vivamos libres. Abracemos la libertad.

Habla de libertad, canta de libertad, haz cuentos de libertad, muestra ejemplos de libertad. Cuando tus hijos estudien sobre los héroes y las heroínas de la patria, cuéntales que esas personas dieron la vida para que nosotros podamos vivir libres y en paz.

Si los ayudas a amar la libertad, ellos nunca querrán caer en las manos del monstruo de las deudas. Si aman la libertad de una manera suficientemente apasionada, estarán dispuestos a hacer sacrificios importantes con tal de vivir sin estrés financiero. Eso les dará una mejor experiencia de vida. Eso los llevará por la senda de la prosperidad integral.

CAPÍTULO 8

La humildad

«Fue el orgullo el que convirtió a los ángeles en demonios; es la humildad la que convierte a los hombres en ángeles».

SAN AGUSTÍN[1]

EL LEÓN Y EL RATONCITO

Había una vez, en la tierra de Zimbabue, un hermoso león que se sentaba por las tardes en la cima de una colina para mirar cómo caía el sol del otro lado de las montañas. Desde allí podía ver las famosas cataratas africanas que llevan el nombre de la Reina Victoria. A un costado, uno disfruta del verde maravilloso que tienen los bosques que corren no muy lejos del río

Zambezi y el famoso Parque Nacional que tiene el mismo nombre.

Un día, un joven e inexperto ratoncito se acercó al león sin que él se diera cuenta. Empezó a jugar con su melena, explorándola hacia arriba y hacia abajo. Esa no fue una buena idea. Ni bien el magnífico león se dio cuenta de lo que pasaba, con un manotazo atrapó al ratón y se dispuso a comerlo.

«¡No lo hagas!», gritó el pequeño roedor a todo pulmón. «¡Te vas a arrepentir!».

El león movió su melena, ajustó sus ojos y mirándolo fijamente le dijo:

«¿Me voy a arrepentir? ¿De qué? ¡Al contrario! Justo estaba pensando en conseguirme un bocadillo de algo para comer antes de salir a cazar esta noche».

«Te puedo ser útil», trató de convencerlo el joven ratón. «Si no me comes y me dejas vivir, te voy a estar agradecido por el resto de mi vida; te lo prometo. Y, cuando necesites mi ayuda, ahí me vas a tener, ¡siempre listo para apoyarte en lo que se necesite!».

El león lo pensó por unos segundos y luego, movido a compasión, dejó a su presa en el suelo y la dejó ir.

«¡Gracias! ¡Gracias, señor león!», dijo el ratón, «¡Nunca lo olvidaré!».

Pasaron los días y, luego, las semanas, e incluso algunos meses... Una noche, el león andaba buscando comida por el campo cuando, de pronto, cayó preso en una red de cazadores. La red, que estaba en el piso, lo tomó, lo envolvió y lo levantó como en una bolsa de almacén muy alto, lejos del suelo. El león rugió y rugió, trató de una manera y otra, con todas sus fuerzas, de liberarse, pero lamentablemente, no pudo.

Fue en ese momento cuando escuchó una voz que le sonó conocida:

«¡Buenas noches, señor león!», dijo la voz que rápidamente se acercaba hacia él. «¿Te acuerdas de mí?». Y entonces, como un relámpago en su cabeza, apareció la imagen del pequeño ratoncito al que le había perdonado la vida meses atrás. Ahora, mucho más grande, estaba subiendo al árbol del que estaba colgada la red que lo había condenado a muerte. Apenas llegó a la gruesa cuerda que sostenía la trampa, comenzó a cortarla con sus agudos dientes de roedor.

No pasaron ni diez minutos hasta que, al fin, esa cuerda se rompió y el león cayó firmemente en el piso, en donde se liberó de la red que lo tenía atrapado.

«¡Muchísimas gracias!», dijo el león con un rugido que le salió de lo profundo del alma. «Nunca pensé que me pudieses ayudar en la vida... ¡Pero qué equivocado estaba! Te pido perdón por ser tan orgulloso y te prometo que nunca más voy a juzgar a ningún otro animal por el tamaño que tenga».

Desde ese día, el león y el ratoncito fueron los mejores amigos y se sentaban, cada tarde, a contarse lo que habían hecho durante el día y a disfrutar de la caída del sol detrás de los bosques que crecen no muy lejos del río Zambezi.[2]

Después de mucho vagar por el mundo y encontrarme con gran cantidad de personas exitosas, me he dado cuenta de que una de las características esenciales que comparten la mayoría de las personas que han llegado a la prosperidad integral es, justamente, la humildad de corazón.

Lamentablemente, en el siglo veintiuno los sistemas escolares de muchos países de Occidente enfatizan la necesidad de construir en los niños una fuerte autoestima. Al final del ciclo secundario, entonces, nos encontramos con jóvenes que salen muy seguros de sí mismos sin saber lo que no saben... y, lo peor, ¡a veces, tampoco lo quieren aprender!

Muchos de nuestros amigos y parientes han dejado de leer a los treinta años y ya no vuelven a tocar un libro el resto de sus vidas. Nos resistimos a reconocer con humildad nuestras falencias y las áreas de nuestra vida en las que aún debemos trabajar.

Si nuestros hijos van a ser exitosos, ellos deberán tener una actitud lo suficientemente humilde como para reconocer que siempre hay algo nuevo que aprender y que siempre podemos aprender de los demás, sin importar cuál es el estatus social de la otra persona.

Yo creo que las nuevas generaciones son más tolerantes, más incluyentes y están dispuestas a usar la tecnología para descubrir la verdad que están buscando. Animémoslas a desarrollar un espíritu humilde que vaya en búsqueda de esa información.

PREGUNTAS PARA PENSAR EN FAMILIA

¿Por qué será que, al principio, el león no quería escuchar al ratoncito?

¿En qué situaciones hemos visto a personas, amigos o compañeros de escuela que se comportan de la misma manera?

¿Cuál fue la gran lección que aprendió el león a través de esa experiencia?

¿Por qué será que el ratón pudo ayudar al león?

¿Qué lecciones podemos aprender del ratón y el león para nuestra propia vida?

PRINCIPIO DE VIDA:

El que quiere liderar debe aprender a servir. El que quiere ser grande debe ser el más humilde.

ACTIVIDADES PRÁCTICAS

Sugerencias para enseñarles a nuestros hijos a ser humildes:

1. Enséñales a servir.

El servicio a otros es una manifestación de nuestra madurez como personas. Las personas inmaduras también son egocéntricas. Por eso, como los hijos deben ir por el sendero que los llevará de la inmadurez a la madurez, siempre será un desafío animarlos a servir a los demás. Ellos deben aprender a servir primero, en casa; luego, en la iglesia, parroquia, sinagoga o mezquita; y, finalmente, en la comunidad.

Busca las oportunidades de servir. Servir a los hermanos, servir a los padres, servir a la familia, servir a otros. No creo que tus preadolescentes o adolescentes te rueguen que los dejes servir (¡todo lo contrario!), pero debes insistir con amor, creatividad y perseverancia.

2. Honra a los que te sirven.

Asegúrate de demostrar respeto y honor por las personas que sirven a tu familia. ¿Tienes a alguien que te ayuda a lavar la ropa, planchar, cocinar, limpiar la casa o cuidar de tus hijos? Entonces, asegúrate de que tus hijos respeten y honren a esas personas.

Aprende los nombres de sus hijos y los cumpleaños de la familia. Escribe el día de su aniversario de casados y, cuando llegue la Navidad, no te olvides (si te lo permiten) de ir con tus hijos a sus casas para llevarles un canasto con comidas y regalos. Enséñales a tus hijos a servir a los que te sirven. Eso romperá con la tendencia que tienen nuestros países de discriminar a otros de acuerdo con su posición social.

Demuestra generosidad con los meseros y las meseras en los restaurantes. Trátalos con respeto y déjales una buena propina. Tus hijos te están mirando.

3. **Acepta a tus hijos por lo que son.**

Cuando nuestros hijos se sienten amados y aceptados porque son nuestros hijos, a pesar de sus notas en la escuela o sus logros en la sociedad, también aprenden a aceptar a otros por lo que ellos son y no por lo que hacen, los estudios que tienen o la posición social que ocupan.

Honrarán, respetarán y amarán a su prójimo sin importar cómo luzcan exteriormente.

4. **Nunca humilles a tus hijos en público.**

La humildad de corazón es parte de un carácter que se forja a través del tiempo; no se impone. Si los humillas, se resentirán y se rebelarán más adelante en la vida.

5. **Comparte historias de grandes personajes.**

Moisés, Jesús de Nazaret, la Madre Teresa de Calcuta, Ingvad Kamprad (fundador de IKEA), José «Pepe» Mujica (expresidente de Uruguay), Warren Buffett o el Papa Francisco son ejemplos de grandes líderes del pasado y de hoy que han demostrado un alto nivel de humildad. Si puedes encontrar libros para niños que hablen de ellos, cómpralos y léeles historias inspiradoras.

Los latinoamericanos tenemos dificultades para crear «héroes» en nuestra sociedad que sean modelos para nuestras vidas. Puede que sea por cuestiones políticas, por cuestiones religiosas o por cuestiones de envidia en el liderazgo, pero la verdad es que realmente tenemos problemas para crear modelos que nuestros hijos puedan admirar e imitar.

En casa, desde que nuestros hijos eran pequeños, nosotros les presentamos una serie de «héroes» que ellos podían admirar e imitar. Claro, como nosotros somos una familia cristiana practicante, Jesús siempre ha sido nuestro héroe más grande. Sin embargo, también teníamos una serie de amigos, conocidos y líderes del mundo que formaron parte de este grupo de modelos de persona para sus vidas.

6. Usa las «palabras mágicas».

Entrena a tus hijos para que usen las dos frases mágicas más importantes que deberán aprender para tener éxito en sus vidas: «por favor» y «muchas gracias». Entrénalos, también, para reconocer el trabajo y el éxito de otros a su alrededor.

Por ejemplo:

«¡Oye, Jorge! Hiciste un trabajo increíble en el proyecto que presentaste la semana pasada en la escuela. Te merecías esa buena nota. ¡Felicitaciones! Ahora, ¿por qué no practicamos cómo vamos a responder cuando te feliciten mañana en la escuela?

»Mira... puedes decir: "Muchas gracias". Y luego puedes agregar: "La verdad es que fue un trabajo en equipo", o: "Nunca lo hubiésemos hecho tan bien sin la ayuda de nuestra maestra", o: "A mí me gustó el trabajo que presentó Pablo; fue bien creativo..."».

Darles ideas a nuestros hijos sobre cómo responder y qué palabras usar ante diferentes situaciones les va a ayudar a aprender a expresarse con humildad frente a los demás.

7. **Enséñales a pedir perdón.**

La postura que adoptamos cuando pedimos disculpas por haber hecho algo incorrectamente o haber ofendido a alguien es esencial para demostrar genuino arrepentimiento y restaurar las relaciones. Cómo decimos las cosas es tan o más importante que lo que decimos. La comunicación no verbal es siempre más fuerte que la verbal.

Enséñales a tus hijos a decir «Discúlpame» y «Por favor, perdóname» de corazón (no solamente «¡Sorry!» o simplemente «Lo lamento...»). Todo el mundo comete errores en la vida. El asunto no es no cometerlos; el asunto está en saber restaurar las relaciones exitosamente. Un espíritu humilde nos lleva muy lejos en el camino de la restauración.

Algunos comentarios importantes

La humildad de corazón nos ayuda a vivir y a tomar decisiones importantes en la vida. Cuando nuestra identidad está asociada con la casa donde vivimos, el auto que manejamos o la ropa que vestimos, nos resulta muy difícil despegarnos de esas cosas. Nos cuesta tomar decisiones difíciles.

La falta de humildad no nos permite tomar decisiones *temprano* en el proceso de sobrevivir a una crisis económica en nuestras vidas o en nuestras familias. Pero tomar decisiones temprano puede ahorrarnos un montón de dolores de cabeza.

Cuando nuestro orgullo personal nos apega a la imagen que hemos construido, las emociones no nos dejan hacer los sacrificios que son necesarios para comenzar el proceso de sanidad. Es el *primer* mes en el que no podemos pagar la renta, o en el que debemos tomar dinero prestado para comprar la comida, la ropa o pagar los servicios de la casa cuando tenemos que empezar a pensar en los sacrificios que debemos hacer.

Quizás debemos vender la moto o el auto, o mudarnos a otra casa, en otro barrio (o a la casa de nuestros padres o algún pariente). Quizás debemos bajar nuestro estándar de vida o sacar a nuestros hijos de la escuela privada a la que asisten... Y lo peor es que ¡nuestro cuñado lo sabrá!

El orgullo habla de debilidad de carácter, de una baja autoestima y de una relación insana con las cosas que tenemos. La manera apropiada de relacionarnos con las cosas debería ser: cuando las tenemos, las disfrutamos y, cuando no las tenemos, ¡no las extrañamos!

La manera apropiada de relacionarnos con otros es priorizarlos a ellos. Considerar al prójimo como más importante que uno mismo. Eso no significa tener una pobre estima propia. Todo lo contrario. Solo cuando tengo una autoestima sólida y equilibrada puedo ser considerado hacia otras personas y demostrar verdadera humildad en la vida.

Y el conocidísimo autor *best seller* Rick Warren dijo una vez: «La humildad no es pensar menos *de* ti, es pensar menos *en* ti».[3]

Pablo de Tarso les dice a sus feligreses de Grecia: «No hagan nada por rivalidad o por orgullo, sino con humildad, y que cada uno considere a los demás como mejores que él mismo. Ninguno busque únicamente su propio bien, sino también el bien de los otros».[4]

En las comunidades que resisten la prosperidad, ideas como estas serían «marcianas», pero en los países y comunidades prósperos del mundo sabemos que esa actitud nos ha dado un mejor estándar de vida. En muchos lugares del mundo en el que vivimos, la gente busca colocarse a sí misma primero. Sin embargo, las empresas y los emprendedores más exitosos que conozco han aprendido a colocar a los demás primero.

Se cuenta que Confucio dijo una vez: «La humildad es el sólido fundamento sobre el cual se construyen todas las demás virtudes».[5]

Comprométete a cultivar la humildad en la vida de tus hijos. Esa será la raíz de la cual crecerán todas las otras virtudes que los llevarán a imitar a la gente más próspera del mundo. Cuando miro a la antigüedad y veo a alguien como el famoso rey Salomón (el hombre más rico del mundo), encuentro que tuvo una muy fuerte dosis de humildad en su juventud y no parece haberle hecho mucho daño, ¿no?

CAPÍTULO 9

La integridad personal

*«Si siempre dices la verdad, no necesitas
tener buena memoria».*

Mark Twain[1]

LA VASIJA VACÍA

Hace mucho tiempo atrás, en el gran país de la China, había un rey que no tenía hijos varones. Eso era un gran problema porque en ese tiempo las cosas eran diferentes y solo un varón podía heredar el trono del país y gobernarlo.

Como al rey le encantaba cultivar plantas, un día se le ocurrió una gran idea: anunció que cualquier niño que quisiera ser rey podría venir al palacio y conseguir una semilla real. En seis meses, el niño que cultivara la mejor planta, sería el ganador del concurso y recibiría el cetro de oro que lo convertiría en el próximo rey de la China.

¡Todos los niños del reino estaban locos de alegría! Cada uno estaba seguro de que él sería el ganador. Algunos se pusieron un poco orgullosos y empezaron a actuar como si ya fueran los ganadores. Las madres y los padres también estaban entusiasmados. ¿A quién no le gustaría vivir en el palacio?

Por otro lado, en una de las provincias de la China, había un niño llamado Ling Dao. A pesar de que él no hablaba mucho de sí mismo, todo el mundo sabía que Ling Dao era muy bueno para cultivar cosas. En su pueblo, por ejemplo, la gente se peleaba por comprarle sus sandías, sus melones y su maíz. Ling Dao también decidió ir al palacio, buscar la semilla real y cultivarla.

En el gran día en que las semillas reales iban a ser distribuidas, los jardines del palacio se llenaron de niños que vinieron a participar de la competencia. Cada niño se llevó a su casa una semilla real, guardándola cuidadosamente en la palma de su mano.

Cuando llegó a su casa, Ling Dao sacó una buena maceta, puso grandes piedras en el fondo, luego, sobre ellas puso piedritas más pequeñas y, finalmente, llenó la vasija con tierra negra de primera calidad. Después hizo un agujero en la tierra de unos dos centímetros de profundidad y colocó la semillita adentro. Finalmente, cubrió la semilla con tierra negra y la regó con agua fresca del estanque. A partir de ese día, Ling Dao regaba su vasija cada mañana, como lo estaban haciendo cientos y cientos de niños a lo largo y ancho del imperio de la China. Todo el mundo miraba las macetas y decía: «¿Cuándo aparecerá la primera hoja verde?». Pacientemente, un día detrás del otro, Ling Dao miraba y esperaba.

Chen fue el primer niño de la aldea en la que vivía Ling Dao que anunció a todos sus amigos la salida de la primera hoja verde en su vasija. La noticia fue recibida con un gran entusiasmo. Chen, con mucho orgullo, le comenzó a decir a todo el mundo que seguramente él sería el próximo rey de la China.

Han fue el siguiente en decir que una pequeña planta verde estaba apareciendo en su maceta. Y, luego, lo mismo anunció Wong. Ling Dao, por su parte, no sabía por qué no había nacido ninguna planta en su maceta. Sabía que ninguno de los otros chicos de su pueblito podía cultivar plantas tan bien como él... Pero, aun así, la semilla de Ling Dao no germinaba.

Muy pronto comenzaron a aparecer brotes en las macetas de los niños en toda esa comarca. Los niños sacaron las plantitas afuera para que las hojas pudieran crecer aún más grandes al sol. Muchos dormían junto a sus plantas para cuidarlas de cualquier mal. Con el correr de las semanas, a Ling Dao le pareció que cada chico que plantó una semilla ya tenía su brote. Todos... menos él.

Con cuidado sacó la semilla y la puso en otra maceta. Colocó la mejor y la más rica tierra negra de su jardín en la nueva maceta. Rompió cada terrón de tierra que había en un muy, muy pequeñito pedacito. Con mucho cuidado, plantó la semilla real en la parte superior y continuó regándola con gotitas de agua y con mucho cuidado cada día.

Ling Dao miraba su vasija todos los días para ver si algo pasaba, y nada. La semilla no germinaba.

Los otros niños del pueblo tenían plantas fuertes, saludables y cada vez más grandes en sus macetas. Pero, lamentablemente, Ling Dao no tenía nada que mostrar. Caminaba por las calles con su cabeza gacha y tratando de no mirar a nadie. Los otros niños comenzaron a reírse de él.

Su situación hasta se convirtió en un dicho popular. Cuando algo estaba totalmente vacío, la gente comenzó a decir que estaba «tan vacío como la maceta de Ling Dao». Ling Dao decidió replantar su semilla una vez más. Esta vez, tomó un poco de pescado seco y lo convirtió en polvo. Mezcló ese polvo con la tierra como fertilizante. Pero, aun así, la semilla de Ling Dao nunca creció.

Cuando pasaron los seis meses, llegó el día en que todos los jovencitos debían traer sus plantas al palacio para ser juzgados. Chen, Han, Wong y cientos de otros niños limpiaron sus vasijas hasta que brillaban bajo el sol como si tuviesen luz propia. Limpiaron con cuidado cada hoja verde, se vistieron con su mejor ropa y se encaminaron hacia el palacio real acompañados de sus padres, quienes se aseguraban de que las plantas no se volcaran.

«¿Qué voy a hacer?», se lamentó Ling Dao con su madre y su padre mientras miraba por la ventana. «Lleva al rey tu maceta, tal como está», dijo su padre. «¡Claro!», dijo la madre de Ling Dao. «Tú hiciste lo mejor que pudiste y debes mostrar el resultado de tu trabajo».

Con la cara roja de vergüenza, Ling Dao llevó su maceta vacía hasta los jardines del palacio. Algunos niños estaban tan felices que no paraban de sonreír frente a las hermosas plantas que estaban llevando a su audiencia con el rey.

Una vez dentro de los jardines del palacio, todos los niños se pusieron en dos filas, una frente a la otra, dejando en el medio un camino para que el rey, con sus nobles más cercanos, pudiese pasar y evaluar las plantas. Mientras caminaba majestuosamente en medio de ese bosque en miniatura, el rey miraba sin mucho interés cada una de las plantas que le presentaban. Hasta que llegó frente a Ling Dao. Cuando llegó frente a él, sorprendido, le dijo:

«¿Qué es esto?... ¿Me trajiste una vasija vacía?».

Ling Dao estaba intentando lo mejor que podía no comenzar a llorar. ¡Estaba tan avergonzado! Lo único que pudo hacer fue tratar de pedir perdón y explicar la situación:

«¡Perdóneme, Su Majestad, se lo ruego!», dijo Ling Dao. «Hice lo mejor que pude. Planté su semilla en la mejor tierra que pude encontrar. La mantuve húmeda y cuidada todos los días. Como la semilla no creció, la moví a una tierra nueva e, incluso, la planté por tercera vez con abono... ¡Pero no creció!», concluyó Ling Dao dándose por vencido. «Lo siento de todo corazón».

«Mmmmmm... ya veo», dijo el sabio rey del Imperio chino. Y, luego, con una voz lo suficientemente fuerte como para que todos los presentes lo pudiesen escuchar, declaró:

«Yo, honestamente, no sé de dónde sacaron estas plantas todos estos niños. Cada una de las semillas que les dimos hace seis meses atrás había sido cocinada. Yo no estaba esperando que ninguno de estos niños me trajera ni siquiera una planta. Aquí, con honestidad e integridad, tendrían que estar todas las macetas vacías... pero solamente veo una».

Y, dicho eso, volvió a mirar a Ling Dao, le ofreció una sonrisa de oreja a oreja, le guiñó el ojo y le cambió su vasija vacía por su cetro de oro.[2]

Warren Buffet, uno de los hombres más ricos del mundo, dice que «al buscar personas para contratar, se deberían elegir tres cualidades específicas: integridad, inteligencia y energía. Si un empleado no tiene la primera, las otras dos te matan».[3]

Integridad es la cualidad de nuestro carácter que permite que todas las otras cualidades funcionen apropiadamente. Si falta integridad, el resto del edificio se viene abajo.

En mi libro *El hombre más rico del mundo* escribí: «Una de las marcas más importantes de la madurez personal es la de tener un carácter íntegro (es decir, completo, ser la misma persona en la vida privada que en la pública). Muchas veces, los latinoamericanos sabemos que decir la verdad es importante y les enseñamos a nuestros hijos a decírnosla, pero, cuando llega el momento de la presión, preferimos —como Poncio Pilato— crucificar al prójimo antes que perder las cosas que valoramos».[4]

¡Cuántos de nosotros hemos sido víctimas de la estafa! A cuántos se nos ha dicho: «No te preocupes, en cuanto cobre te devuelvo todo lo que me prestaste». O: «La semana que viene voy a tener todo el dinero para pagarle la renta, señora, ¡se lo juro!». O quizás: «Este es un negoción, hermano, es un negocio perfecto, ¡no se puede perder!».

La realidad, sin embargo, es que todavía estamos esperando que se nos devuelva el dinero prestado o que se nos pague el alquiler atrasado, y ni siquiera queremos hablar de la cantidad de dinero perdido en el negocio que nos propusieron.

Ser una persona de integridad, por ejemplo, es aprender a decir a nuestro prestamista: «No te preocupes. Te voy a devolver cada centavo que te debo. No sé cuándo, porque estamos muy apretados económicamente ahora, pero puedes tener la seguridad de que, aunque me tome el resto de mi vida, te lo voy a pagar todo», en vez de prometer lo que sabemos que no vamos a poder cumplir a menos que ocurra un milagro.

Integridad es pagar nuestros impuestos como corresponde y reportar al gobierno *todo* el salario de nuestros empleados para que, cuando se jubilen, tengan *toda* la jubilación que les pertenece.

Integridad es sacar los permisos y licencias necesarios para operar nuestros negocios. Es decir la verdad cuando sabemos que pagaremos las consecuencias por hacerlo. Es hacer lo correcto, aun cuando nadie nos ve.

Integridad es no ofrecer ni recibir sobornos. Es no participar activamente en un intercambio de dinero o alguna otra cosa que «tergiverse el camino de la verdad», como lo explica Moisés, el famoso libertador judío.[5]

Cuando hablo en conferencias alrededor del mundo comparto esta definición de integridad:

Integridad es:
Hacer lo que se tiene que hacer,
Como se tiene que hacer,
Cuando se tiene que hacer,
Sea conveniente o no.

Otra manera de escribirlo:
Hacer lo que se tiene que hacer,

Como se tiene que hacer,
Cuando se tiene que hacer,
Sin importar las consecuencias.

Enseñémosles a nuestros hijos a operar con integridad, sin importar las consecuencias. Eso los convertirá en gente de *otro mundo*, los protegerá de males inesperados, los guiará para tomar decisiones sabias y los encaminará por el sendero de la prosperidad integral.

PREGUNTAS PARA PENSAR EN FAMILIA

¿Por qué crees que los otros niños comenzaron a tener plantas que estaban creciendo en sus macetas?

¿Cuáles crees que son algunos comportamientos que no debemos imitar de los niños del pueblo donde vivía Ling Dao?

¿Crees que Ling Dao hizo lo correcto?

¿Qué lecciones podemos aprender de Ling Dao para nuestra propia vida?

PRINCIPIO DE VIDA:

Integridad es la fuerza que sostiene toda la estructura de nuestro liderazgo en la vida.

ACTIVIDADES PRÁCTICAS

Sugerencias para enseñarles a nuestros hijos a ser íntegros:

1. **Juega al BINGO de la integridad.**

    Sí. Ya sé que suena raro, pero, créeme: es una buena idea y resulta divertida.

    Aquí están las instrucciones para el juego.

Preparación:

- Diseña el juego con cinco casillas por cinco.
- Imprime el juego en hojas más gruesas de lo normal, una para cada niño y una para el papá o la mamá.
- Escribe dentro de cada recuadro una frase que demuestre un acto de integridad. Por ejemplo: «Decir la verdad», «Devolver una billetera», «No copiarse en los exámenes», «Pagar siempre el viaje en tren», etc., etc.
- Coloca cada ejemplo de integridad en un lugar diferente en cada hoja/cartón.
- Recorta la hoja de los padres y coloca los cuadros en un sombrero o en un tazón.
- Dale a cada niño varios botones para que los coloquen en los cartones.

Distribución:

- Reparte los cartones del juego, uno para cada niño. Recuerda que cada cartón debe tener las frases en diferentes lugares.

B	I	N	G	O
Decir la verdad	Pagar el tren	Respetar la propiedad de otros	Devolver lo que pedí prestado	Ser honesto/a
Devolver una billetera/cartera	No copiarse			

- El cartón de los padres debe tener todos sus cuadraditos cortados y debe estar colocado dentro de un tazón.

Diversión:

- El padre o la madre toman, al azar, un cuadradito del tazón y leen la frase.
- Cada niño o niña coloca un botón en el cuadrado donde se encuentra esa frase.
- El padre toma otro cuadradito al azar y lee la siguiente frase.
- Los niños colocan el botón en el lugar correspondiente.
- El juego termina cuando uno de los niños se encuentra con cinco botones alineados.
- La alineación puede ser horizontal, vertical, diagonal o en forma de «T»; eso se debe decidir *antes* de que comience el juego.

Este tipo de juegos no solamente es divertido e involucra a toda la familia, sino que también les hace recordar a nuestros hijos el tipo de acciones que demuestran integridad en nuestros corazones.

No he colocado todas las frases porque cada uno de nosotros vive en países diferentes, con diferentes situaciones y, además, cada uno de nosotros conoce a sus hijos y sabe «por dónde les aprieta el zapato».

2. **Diseña y pega tarjetas con dichos sobre integridad.**

Puedes diseñar interesantes tarjetas con dichos sobre integridad, tanto religiosos como no religiosos, y pegarlos en diferentes partes de la casa (puerta del refrigerador, espejo del baño, al lado de la puerta de entrada a la casa, etc.).

Integridad es ser honestos y vivir de acuerdo a un «norte» anclado en principios y valores sólidos. Aquí hay algunos proverbios salomónicos y citas de famosos que puedes usar.

Proverbios salomónicos:

«A los hombres rectos los guía su rectitud;
a los hombres falsos los destruye su falsedad».[6]

«El Señor aborrece a los mentirosos,
pero mira con agrado a los que actúan
con verdad».[7]

«Practica la rectitud y la justicia,
pues Dios prefiere eso a los sacrificios».[8]

«Más vale ser pobre y honrado
que rico y malintencionado».[9]

Y, ya que estamos con literatura tradicional judía, un proverbio yiddish:

«¡Una verdad a medias es una mentira completa!».[10]

Dichos de famosos:

«Requiere menos tiempo hacer algo bien que explicar por qué lo hiciste mal».

Henry Wadsworth Longfellow[11]

«El poder se materializa solo cuando la palabra y la acción no han tomado caminos diferentes».

Hannah Arendt[12]

«Saber lo que es correcto y no hacerlo es la peor cobardía».

Confucio[13]

«Hay siete cosas que nos destruirán: riqueza sin trabajo; placer sin conciencia; conocimiento sin carácter; religión sin sacrificio; política sin principios; ciencia sin humanidad; negocios sin ética».

Mahatma Gandhi[14]

«Al guardar silencio frente al mal, al enterrarlo tan profundo dentro de nosotros que no aparece ninguna señal de él en la superficie, contribuimos a implantarlo y a que se haga mil veces mayor en el futuro. Cuando no castigamos ni reprendemos a los malhechores, estamos arrancando los cimientos de la justicia de debajo de los pies de las nuevas generaciones».

Alexander Solzhenitsyn (Nobel de Literatura)[15]

«Si no es bueno, no lo hagas; si no es verdad, no lo digas».

Marco Aurelio[16]

«Integridad es quién tú eres cuando nadie te ve».

D. L. Moody[17]

La cita de D. L. Moody, en realidad dice: «Carácter es lo que un hombre es en la oscuridad», pero creo que esta adaptación puede funcionar mejor para tus hijos.

Hay un sitio en Internet llamado *InspireMyKids.com*[18] [Inspira a mis hijos] que tiene una larga lista de frases para animar a nuestros hijos a ser íntegros. Aquí hay algunas:

«Siempre es el momento correcto para hacer lo correcto».

Martin Luther King, Jr.

«Si tienes integridad, ninguna otra cosa importa. Si no tienes integridad, ninguna otra cosa importa».

Alan Simpson

«Cuando hago el bien, me siento bien. Cuando hago el mal, me siento mal».

Abraham Lincoln

«Sé fiel a tu trabajo, a tu palabra y a tu amigo».

Henry David Thoreau

3. Sé ejemplo de integridad en tu vida.

Lo hemos dicho muchas veces antes, ¿no? Pero es la verdad. ¿Recuerdas lo que dijimos cuando citamos a Albert Schweitzer? «El ejemplo no es la manera más importante de influir en otros. Es la única que realmente lo logra».[19] Esa es una gran verdad.

Nuestros hijos, cuando son pequeños, poseen un pensamiento concreto. Entonces, hablarles con palabras abstractas como «integridad», «honestidad» y otras por el estilo hace las cosas mucho más difíciles. Lo mejor es hacer comentarios sobre acciones concretas que demuestran buen carácter.

Si vas a un concierto o una obra de teatro puedes decirles: «Los chicos trabajaron muy duro para presentar este concierto, vamos a escuchar con atención y, al final, si nos gustó, vamos a aplaudir, ¿ok?». O les puedes decir cosas como: «Cuando tu prima te dejó jugar con su teléfono, tú le dijiste "Gracias". Eso estuvo muy bien. Demostró que eres cortés (amable, educado). Te felicito».

Usa la vida como el mejor campo de entrenamiento.

4. Lee historias y biografías interesantes.

El mundo de la literatura tiene muchísimos libros que cuentan interesantísimas historias sobre personas que fueron valientes e hicieron lo correcto. Los niños aprenden de esas historias. Búscalas en las librerías o bájalas de Internet. Cuéntaselas.

Si tu familia asiste regularmente a una iglesia o sinagoga, la Biblia está llena de historias de gente que hizo lo correcto. Personas como Noé, José, Daniel, Sadrac, Mesac, Abednego, Débora, Rut, David, Salomón, Jeremías y tantos otros más. Haz de esa gente los héroes de tus hijos. Cuando sean grandes, les serán de inspiración.

Recuerdo que, en la niñez de nuestros hijos (tanto de las nenas como del varón), les leíamos historias sobre «héroes de la fe», gente que estuvo dispuesta a hacer lo correcto, aun cuando sabían que les costaría sus propias vidas. Eso fomentó la valentía en sus corazones y les mostró el «norte» ético y moral para sus vidas. Esa fue una buena idea.

5. **Sé perseverante.**

La integridad se cuece a fuego lento. El carácter no se enseña; se moldea.

Una de las cosas que mi esposa y yo hemos descubierto en este camino de la crianza de los hijos es que la construcción del carácter será un proyecto para el resto de nuestras vidas. Requiere muchas conversaciones honestas, a altas horas de la noche (en nuestro caso), y el estudio de casos de la vida real a través del tiempo.

Sé paciente. Persevera y recibirás la recompensa de hijos con un «norte» claro en la vida.

CAPÍTULO 10

El respeto a Dios y al prójimo

«Ama al Señor tu Dios con todo tu corazón, con toda tu alma y con toda tu mente [...]
Ama a tu prójimo como a ti mismo».

JESÚS DE NAZARET[1]

Este capítulo será, probablemente, el que más contenido religioso tenga en el libro. Decidí incluirlo porque, según información del Centro de Investigaciones Pew,[2] con más de quinientos treinta millones de cristianos (entre católicos y protestantes), ochocientos cuarenta mil musulmanes y cuatrocientos setenta mil judíos, más del noventa por ciento de nuestro continente son «gente del Libro», personas que están afiliadas a alguna religión abrahámica.

Entonces, si no practicas ninguna religión y no quieres leer sobre el tema de Dios, puedes pasar al capítulo siguiente. Si te interesa el tema, adelante: vamos a hablar de la importancia de que nuestros hijos aprendan a respetar a Dios y al prójimo.

UN REGALO INOLVIDABLE

Josué no sabía que ese domingo sería el Día del Padre. Como tenía solamente tres añitos, nadie le había explicado de qué se trataba el asunto y qué se suponía que uno debía hacer ese domingo. Tampoco sabía que ese Día del Padre marcaría el resto de su vida.

Su papá se levantó temprano ese sábado frío y un poco nublado, y anunció a la familia: «¡Vamos al lago!». Josué tampoco sabía esto, pero ellos vivían en un lugar donde había muchísimos lagos por todos lados. Era difícil saber la diferencia entre uno y otro, y la verdad, tampoco importaba.

Lo importante es que irían a jugar con papi, correrían por el campo, tirarían piedras al agua y, quizás, hasta tendrían tiempo para pescar.

Todos se metieron en el auto: mamá, papá y los cuatro hermanitos (tres niños y una niña). Después de unos cuantos minutos, llegaron al parque, sacaron el mantel, la comida, el jugo, las pelotas y algunos otros juegos que estaban seguros que podrían jugar a pesar del viento y el frío.

No había nada que a los hijos les gustara más que jugar con su papi, y nada que a papi le gustara más que jugar con sus hijos. Cada día, cuando papi volvía del trabajo, lo primero que hacía era cambiarse de ropa y correr por toda la casa jugando con ellos.

También se sacaban fotos que compartían con el resto de la familia en las redes sociales.

Jugaban al caballito, a la mancha, a las escondidas, a ser luchadores de la televisión y a tomar el té con Carolina, la princesa de la familia. Por eso, ese fin de semana del Día del Padre todos estaban muy entusiasmados de poder salir al parque y jugar junto al lago que quedaba no muy lejos de la casa.

Allí estaban, entonces, papá y los chicos, muy concentrados en uno de esos juegos, cuando Josué comenzó a caminar sobre un largo puente que cruzaba uno de esos lagos tan bellos que tenía el parque. No sabemos bien por qué, pero cuando uno tiene tres años de edad, hay mucho que aprender, y por eso los chicos a esa edad son muy curiosos.

Con mucha rapidez Josué caminó sobre el puente y, de pronto, se dio cuenta de que estaba sobre el agua. Eso era muy interesante, porque en casa el agua estaba en la bañera, que es pequeña. Esta «bañera» era mucho, mucho más grande. Impresionante...

Fue entonces cuando, en un momento de creatividad, parece que a Josué se le ocurrió que sería divertido tomar un baño o, quizás, que sería un lindo juego pasar entre los barrotes del puente. Quizás pensó que, si en la bañera de casa uno tiene tanta diversión, en esta inmensa bañera la cosa sería mucho mejor.

No sabemos muy bien por qué, pero lo que sí sabemos es que Josué pasó entre los barrotes del puente (que lo apretaron mucho más de lo que él estaba esperando) y, finalmente, como lanzado por un resorte, voló hacia las frías aguas del lago que se hallaban debajo.

Una mamá que vio lo que pasó pegó un grito de desesperación que rebotó por todo el parque.
Mientras tanto, el cuerpecito de Josué caía irrever-
siblemente del puente. Todos quedaron congelados.
Nadie sabía qué hacer, excepto papi.

Cuando el papá de Josué escuchó que su hijo
había caído al agua, dejó todo lo que tenía en sus
manos, corrió lo más rápido que pudo y, al llegar al
sitio donde Josué entró al agua, saltó sobre el vallado
del puente directamente hacia el fondo del lago.

Pasaron unos segundos, que parecieron horas,
sin que padre ni hijo dieran señales de vida. Pero, de
pronto, como disparado desde el fondo del agua, el
papá salió a la superficie sosteniendo en alto a su
hijo como la copa en un mundial. En ese momento
de gozo, comenzó también una preocupación: algunos se dieron cuenta de que el papá tenía dificultad
para nadar. Sostenía a su hijo con sus brazos, pero no
lograba mantenerse a flote.

Una y otra vez, anclado hacia el fondo por la ropa
de invierno que llevaba puesta, el papá de Josué
lograba que su hijo estuviera sobre el agua, pero él
apenas podía respirar. Estaba tragando mucha agua.
Sostenía a su hijo a flote, pero no podía nadar. Se movía
hacia la playa, pero no lo suficientemente rápido.

Fue entonces cuando una de las señoras que estaban en el parque entró velozmente en el agua para
tomar a Josué de las manos de su padre. Se encontraron casi a tres cuartos de camino. Allí, el padre
entregó firmemente a su hijo en las manos de la mujer
que habría de terminar la tarea de llevar a Josuecito
hacia tierra firme.

Al mismo tiempo, otros varones se tiraron al agua. Se dieron cuenta de que el padre estaba completamente agotado y se había ido al fondo. Ya no tenía más fuerzas después de haber salvado a su hijo. Con mucho trabajo, después de como media hora, pudieron sacarlo a él también.

Esa noche, en el hospital del pueblo, algo inolvidable ocurrió apenas unas horas antes de que comenzara el Día del Padre: el papá de Josué le dio a su hijo el regalo más precioso que uno pueda ofrecer en este mundo, el regalo de su propia vida.

La Biblia dice que «el amor más grande que uno puede tener es dar su vida por sus amigos»,[3] y esa noche, el papá de Josué dio su vida, no para salvar la de un amigo, sino la de su propio hijo. Desde entonces, y cada Día del Padre, Josué recuerda con cariño y gratitud el regalo recibido de las manos de su padre: una nueva oportunidad para vivir una nueva vida.

Esta historia de la vida real[4] (aunque los nombres están cambiados) nos ilustra la profundidad del amor de un padre por su hijo. Ese es el mismo amor con el que nuestro Padre celestial nos ama a cada uno de nosotros, y es importantísimo que nuestros hijos lo sepan.

Cuando uno se siente amado por Dios, también puede *amar* al prójimo, y amarlo como nos amamos a nosotros mismos. Uno puede *perdonar* a otros, no porque seamos tan buenos, sino porque Dios nos perdonó a nosotros primero. Uno puede *honrar* a otros y considerarlos superiores a uno mismo en obediencia a las enseñanzas de San Pablo a los filipenses.

El amor a Dios nos lleva a respetarlo, a escucharlo, a obedecerle. Nos lleva a desarrollar una vida de orden como reflejo de su carácter en nuestras vidas. Nos lleva a ser considerados con los demás y piadosos con los que están pasando por momentos difíciles en sus vidas.

Del Libro de Dios aprendemos que Él es el dueño de todo y nosotros simplemente sus administradores. Entonces, aprendemos a vivir vidas emocionalmente desprendidas de las cosas, porque las cosas no son nuestras, y aprendemos a tomar decisiones con la cabeza fría de un gerente, en lugar de experimentar el apego emocional que siente un dueño.

El respeto a Dios nos lleva a amar y respetar a otros y, por lo tanto, a hacer bien nuestro trabajo. Una persona que es temerosa de Dios no necesita que nadie la supervise: sabe que Dios la ve y que algún día va a tener que dar cuenta delante de su Creador por todos los actos de su vida.

«El amor no le hace mal al prójimo; así que en el amor se cumple perfectamente la ley», dice San Pablo.[5] Como el amor no le hace mal al prójimo, es mucho más sencillo decidir no robarle ni mentirle, no tomar ni dar sobornos, no engañar a nuestros compradores ni decirles verdades a medias con tal de que nos compren.

Las comunidades que tienen un alto nivel de creyentes que se toman el Libro en serio disfrutan entre ellos de un nivel de confianza mucho más alto (tienen capital social), y eso lleva al incremento de la velocidad con la que se hacen los negocios.

Y, finalmente, de acuerdo con un estudio global del Centro de Investigación de la Fundación Pew, la gente que tiene una relación con Dios y participa activamente en su grupo religioso dice ser más feliz que los que no lo hacen.[6] Cuando miramos a Latinoamérica, en México la gente que contestó ser «muy feliz» en el primer grupo llega al setenta y un por ciento, mientras los segundos solo al sesenta y uno. En Colombia, los números son cincuenta y ocho contra cincuenta y tres, respectivamente. En

Uruguay, cuarenta y tres contra treinta y tres; Brasil treinta y ocho contra veintisiete; Perú treinta y siete contra veintiuno; y Argentina treinta y seis contra treinta y dos.

Si quieres que tus hijos se sientan «muy felices» en la vida, parece ser que mantenerse *religiosamente activos* es el camino a seguir, por lo menos de acuerdo con este estudio mundial.

PREGUNTAS PARA PENSAR EN FAMILIA

¿Por qué crees que Josué se metió en problemas?

¿Cómo se compara la razón por la que Josué se metió en problemas con las razones por las que nosotros lo hacemos?

¿Quiénes fueron los «prójimos» de Josué ese día y qué hicieron por él?

¿Por qué crees que el papá de Josué estuvo dispuesto a dar su vida por la de su hijo?

¿Qué podemos dar nosotros por los demás?

PRINCIPIO DE VIDA:

En amar a Dios y amar al prójimo como a nosotros mismos se cumple toda la Ley.

ACTIVIDADES PRÁCTICAS

Sugerencias para enseñarles a nuestros hijos a amar a Dios y a su prójimo:

1. **Sé fiel a tu congregación.**

   Cuando uno echa raíces en una congregación y asiste regularmente, nuestros hijos aprenden sobre el amor a Dios y al prójimo, desarrollan amistades que les animan a ser mejores personas y ven modelos de vida que luego quieren imitar.

   Cuanto más tiempo uno pasa con una persona, más la ama. Cuanto más tiempo tus hijos pasen en contacto con Dios, más lo amarán. En casa, en la calle, en la escuela o en la iglesia, si quieres que tus hijos amen a Dios, tendrán que conocerlo mejor. Asiste a tu congregación regularmente.

2. **Enseña «la regla de oro».**

   La regla de oro es revolucionaria: «Hagan ustedes con los demás como quieren que los demás hagan con ustedes», dijo Jesús.[7] Normalmente, la gente es recíproca: tratamos a los demás como los demás nos tratan a nosotros. La regla de oro no es recíproca, no demanda que los demás nos traten de una determinada manera. Simplemente nos dice que debemos tratar a otros de la misma manera en que nos gustaría que nos traten a nosotros.

   En realidad, unos versículos antes del lugar donde se encuentra esta enseñanza, Jesús nos insta a amar a nuestros enemigos. Definitivamente, una idea no recíproca.

   Me gustaría compartirte todo el contexto de esta interesante enseñanza:

Pero a ustedes que me escuchan les digo: Amen a sus enemigos, hagan bien a quienes los odian, bendigan a quienes los maldicen, oren por quienes los insultan.

Si alguien te pega en una mejilla, ofrécele también la otra; y si alguien te quita la capa, déjale que se lleve también tu camisa.

A cualquiera que te pida algo, dáselo, y al que te quite lo que es tuyo, no se lo reclames.

Hagan ustedes con los demás como quieren que los demás hagan con ustedes.

Si ustedes aman solamente a quienes los aman a ustedes, ¿qué hacen de extraordinario? Hasta los pecadores se portan así.

Y si hacen bien solamente a quienes les hacen bien a ustedes, ¿qué tiene eso de extraordinario? También los pecadores se portan así.

Y si dan prestado sólo a aquellos de quienes piensan recibir algo, ¿qué hacen de extraordinario? También los pecadores se prestan unos a otros, esperando recibir unos de otros.

Ustedes deben amar a sus enemigos, y hacer bien, y dar prestado sin esperar nada a cambio. Así será grande su recompensa, y ustedes serán hijos del Dios altísimo, que es también bondadoso con los desagradecidos y los malos. Sean ustedes compasivos, como también su Padre es compasivo.[8]

Este pasaje ha cambiado el rumbo del mundo moderno. Ha enviado a cientos de miles de hombres y mujeres de buena voluntad a los rincones más alejados del mundo para sanar enfermos, apoyar a las viudas, servir a los huérfanos, educar a los pobres y promover el bienestar de gente que ni siquiera conocían, o que abiertamente los odiaban.

Esta compasión genuina, basada en la compasión de Dios para con nosotros, es lo que mueve a los grupos de oración en las iglesias a interceder por sus vecinos, por sus compatriotas, por la gente que sufre alrededor del mundo e, incluso, por sus enemigos.

Enseña y vive la regla de oro. Recuerda que no es recíproca. No amamos a nuestro prójimo porque él nos ama o porque él nos amará. Lo amamos porque hemos sido amados primero por nuestro Padre que está en los cielos.

3. Realiza actos de bondad regularmente.

Involucra a tus hijos en actos de bondad que tu familia realice por alguien. Permite que participen, que colaboren y, luego, que te acompañen a bendecir la vida de esas personas.

Elijan con la familia a alguna persona que necesita ayuda. Puede ser una persona mayor, puede ser un niño o niña, puede ser una viuda o una madre sola. Pueden cuidarles los niños, pintar la casa, arreglar su auto o preparar una comida. Pueden invitarlos a pasar la Navidad juntos o ver la manera de comprarle ropa o útiles escolares.

Escuché a alguien decir alguna vez que el carácter de un individuo se puede medir por la forma en la que trata a personas que no pueden tomar revancha. Honra a los meseros y meseras en los restaurantes, déjales una buena propina, demuestra generosidad con la persona que te ayuda a estacionar el auto en el supermercado y déjale una propina extra a algún lustrabotas.

Reacciona ante las noticias del día, un huracán, un terremoto, una emergencia, y piensen juntos, en familia, lo que pueden hacer por esa situación. Eso desarrollará en ellos un corazón que presta atención a lo que está ocurriendo más allá de su propia familia o más allá de su comunidad.

Ayuda a tus hijos a reconocer a los más pobres y desamparados. Cuando mi esposa y yo vivíamos en Chicago (en uno de los barrios más difíciles de la ciudad), nos sentíamos «invisibles». Nadie quería mirar la miseria y el dolor que se vivía en nuestro barrio. Enseña a tus hijos a «alegrarse con los que están alegres y llorar con los que lloran».[9]

4. Léeles historias inspiradoras.

Sé que lo recomendamos antes. Pero nuestros hijos necesitan «héroes de la fe», modelos, que quieran imitar. Puedes leerles historias como las de Florence Nightingale, la fundadora de la enfermería moderna; o Johann Sebastian Bach, el famoso músico alemán; o Hudson Taylor, misionero inglés a la China.

Puedes leerles historias de John Wesley (fundador del metodismo), William Wilberforce (uno de los más importantes luchadores contra la esclavitud en el mundo), J. R. R. Tolkien (autor *best seller* y escritor de *El señor de los anillos*), C. S. Lewis (autor de *Las crónicas de Narnia*), o Dietrich Bonhoeffer (pastor luterano que murió por oponerse al régimen de Hitler).

Puedes contarles la historia de Martin Luther King, Jr. (pastor bautista que lideró el movimiento contra la segregación y la discriminación en Estados Unidos), o Desmond Tutu (ministro anglicano y una de las figuras más influyentes en la lucha contra el *apartheid* en Sudáfrica).

¡Hay tantas historias que puedes compartir con tus hijos! La historia del mundo está llena de gente de fe que hizo posible lo imposible, que se sacrificó a sí misma por el bien de la humanidad. Si continúo mencionando gente, me voy a meter en problemas, porque seguro que me voy a olvidar de personajes extremadamente importantes.

5. Ama a tus hijos incondicionalmente.

Nuestros hijos entienden el amor de Dios por nosotros a través de la forma en la que nosotros, especialmente los papás, los amamos a ellos.

En la casa de los Panasiuk, desde pequeños, les hemos dicho a nuestros hijos que no hay nada que los pueda apartar del amor que, como padres, sentimos por ellos. Puede que nos causen profundo dolor con su comportamiento, pero nunca pueden causar que nosotros, y especialmente yo, dejemos de amarlos. Cuando se sienten seguros de nuestro amor, también se sienten seguros del amor de Dios por ellos.

Yo sé que muchos padres latinoamericanos hemos crecido en hogares donde se nos amaba condicionalmente. Pero nosotros, en esta nueva generación, no debemos ser así. Debemos amar a nuestros hijos como Dios nos ama a nosotros: incondicionalmente.

CAPÍTULO 11

La generosidad

«Se necesita generosidad para descubrir a través de los demás que el mundo es un todo. El día que te das cuenta de que solo eres el violín de una orquesta, puedes abrirte al mundo interpretando la partitura que te corresponde tocar en el gran concierto de la vida».

JACQUES-YVES COUSTEAU[1]

MÁS ALLÁ DE LO ESPERADO
(UNA HISTORIA DE LA VIDA REAL)

Cuando la policía encontró a Federico, él estaba viviendo en una tienda de acampar en el jardín de la Facultad Estatal Gordon, en Barnesville, Georgia (Estados Unidos). Allí estaban los policías, listos para el desalojo.

Pero, entonces, ocurrió lo inesperado: Federico les contó a los policías por qué estaba acampando en el jardín.

Resultó ser que Federico, que ya tenía diecinueve años, como no contaba con dinero para el autobús, le había pedido a su hermanito menor que le prestara la bicicleta para poder ir hasta la universidad, a seis horas de pedaleo desde su casa. Federico tomó su mochila, puso sus libros, una bolsa de dormir, la tienda de acampar, a eso sumó ocho litros de agua y una caja de cereal.

Con eso, se puso en camino por seis horas pedaleando la pequeña bicicletita de su hermano menor con tal de llegar a tiempo para inscribirse en el segundo semestre de la Facultad de Biología. Llegó un par de días antes para encontrar trabajo, pero no había podido encontrar nada. Y, como no tenía un peso partido por la mitad, allí estaba: en el jardín de la facultad, tomando agua y comiendo cereal.

Los policías no lo podían creer: un joven tan comprometido con estudiar su carrera que estaba dispuesto a cualquier sacrificio. Movidos a compasión, entonces, los policías que habían ido a desalojar a Federico decidieron llevarlo a un hotel y pagar ellos mismos por los costos de su alojamiento.

Pronto se corrió la voz, y la gente del pueblo de Barnesville comenzó a donar ropa, comida, útiles escolares y dinero para pagar el resto del tiempo que tenía que estar en el hotel mientras esperaba el comienzo de las clases. Incluso, el dueño de una pizzería llamó a los policías y les dijo que tenía un puesto de trabajo para Federico.

Y eso no fue todo. Lo más impactante fue cuando otro joven del pueblo decidió abrir una cuenta de GoFundMe® en Internet para levantar fondos y ayudar económicamente a Federico, el estudiante que, por amor a sus estudios, pedaleó en una bicicleta infantil de no más de medio metro de altura, por seis horas, bajo un sol de treinta y ocho grados, y se había ido a vivir al jardín de la universidad.

Esa cuenta levantó la friolera de ciento ochenta y cuatro mil dólares, que se depositaron en un fideicomiso para pagar por completo los estudios del intrépido Federico.

Esta noticia que apareció en el *Reader's Digest*[2] (los publicadores de la famosa revista *Selecciones*) nos habla del corazón compasivo y generoso de toda una comunidad.

Nosotros, en Latinoamérica, tenemos un gran desafío por delante: crear una generación mucho más generosa que la nuestra. Si bien tengo muchos ejemplos de corazones generosos en el mundo de habla hispana, todavía hay mucho camino por recorrer.

Si nosotros abrazamos el capitalismo y no creamos sociedades generosas y dadivosas, vamos a terminar en una jungla en la que el pescado grande se come al chico. Nuestras sociedades estarán mucho más polarizadas entre ricos y pobres, con una clase media demasiado pequeña para que podamos tener sociedades integralmente prósperas.

Hay muchas cosas que puede hacer el gobierno por el bien de un país. Pero el gobierno jamás puede igualar el poder transformador que tiene una sociedad generosa, en la que *cada familia* es una pequeña fuente de transformación social en su entorno.

Para tomar un ejemplo cercano de nuestro vecino del norte, de acuerdo con el Centro Nacional de Estadísticas sobre la Caridad (o «Filantropía»), en Estados Unidos hay un poco más de un millón quinientas mil entidades no lucrativas inscritas con el gobierno (un millón quinientos sesenta mil, para ser más exactos[3]). Ellas aportaron novecientos ochenta y cinco mil millones de dólares (el 5,4%) al Producto Bruto Interno.

Esos hombres y mujeres, jóvenes y niños involucrados en hacer el bien a la humanidad invirtieron más de ocho mil ochocientos millones de horas voluntarias para mejorar el estándar de vida no solo de sus vecinos, sino también de individuos y familias alrededor del mundo. ¿Qué gobierno puede invertir esa cantidad de horas para mejorar la sociedad?

Cuando nosotros miramos a Estados Unidos, siempre nos enfocamos en la superficie: el sistema económico del capitalismo. Lo que no nos damos cuenta es que *debajo* de ese capitalismo, el pueblo, no el gobierno, ha construido una inmensa red de contención social que te abraza y no te deja caer en los peores días de tu vida. Creo que ese corazón generoso, formado desde que «los peregrinos» todavía vivían en Holanda, ha hecho una gran diferencia en la sociedad norteamericana.

La buena noticia: a mí me parece que esta generación (los mileniales y la Generación Z) está mucho más dispuesta a ser generosa que sus antepasados. ¡Aprovechemos la oportunidad!

Cultiva la generosidad en tus hijos. Eso les dará una mejor experiencia de vida. La generosidad es una expresión externa de una condición espiritual interna.

Recuerda: siempre es mejor dar que recibir. Y los que damos siempre salimos más bendecidos que los que reciben nuestra ayuda.

PREGUNTAS PARA PENSAR EN FAMILIA

¿Qué habrán visto los policías en la actitud de Federico que los movió a compasión?

Nuestras acciones nos hablan de nuestro carácter. ¿Qué cualidades demostró tener Federico con sus acciones?

¿Por qué la comunidad supo de la necesidad de Federico?

¿Qué necesidades hay en nuestro barrio?

¿Cómo podemos comunicar estas necesidades a otros?

¿Qué podemos hacer nosotros para resolverlas?

Mucha gente ayudó a Federico. ¿A quién podríamos ayudar nosotros?

PRINCIPIO DE VIDA:

Dar siempre es mucho mejor que recibir.

ACTIVIDADES PRÁCTICAS

Sugerencias para enseñarles a nuestros hijos a ser generosos...

1. **Implementa el sistema de los tres jarros.**

   Si implementas el sistema de pago por trabajos realizados en la casa y divides el dinero en gastar, guardar y dar, tus hijos aprenderán de manera natural a separar siempre una porción de su dinero regularmente para compartirla.

2. **Sean fieles a su comunidad de fe.**

   Si implementas el sistema de los tres jarros, tendrás la oportunidad de enseñar a tus hijos a llevar una porción de sus ingresos a tu comunidad de fe. No fuerces la generosidad; puede crear resistencia. Lo mejor es animarla: «Jorgito, cuando te vi compartir tu juguete preferido con tu primo, me puse muy contento. ¡Bien hecho!» o «Claudita, cuando trajiste el dinero de tu jarro de dar y lo llevaste a la iglesia, me hiciste muy feliz. ¡Felicitaciones!».

   Animar a nuestros hijos y mostrarles lo orgullosos que estamos cuando ellos demuestran ser generosos funciona mucho mejor que la culpa o la presión. Por otro lado, donar de manera semanal entre el diez y el treinta y tres por ciento de sus ingresos les ayudará a dar el primer paso en el camino hacia el desarrollo de un corazón desprendido de las cosas materiales y lleno de generosidad.

3. **Abre una cuenta bancaria.**

   Ve al banco con la familia y abre una «cuenta de dar». Muchas familias tienen una cuenta de cheques (de *gastar*), y otras tienen también una cuenta de ahorro (de *ahorrar*). Pero no tenemos una «cuenta de generosidad» (de *dar*). Abre una.

Yo aprendí esta idea de mi buen amigo Brian Kluth, uno de los hombres más generosos y dadivosos que conozco. Brian no gana mucho dinero. En realidad, ha sido ministro, misionero y líder de organizaciones sin fines de lucro la mayor parte de su vida. Sin embargo, Brian tiene una cuenta de generosidad.

Cada mes, cuando recibe su pago, separa un poco de dinero y lo «tira al otro lado de una pared imaginaria» depositándolo en la cuenta de generosidad. De esa manera, dice Brian, no le duele ser generoso, porque el dinero sale siempre de una cuenta que no está conectada con sus gastos personales o los de la familia. Yo creo que es una buena idea.

4. Asume un proyecto de vida.

Enfoca a la familia en ayudar a alguien en particular. Quizás puedes encontrar a un joven o una jovencita que sea uno de esos estudiantes medio «muertos de hambre», como Federico, en tu propio barrio o en tu propia ciudad. Yo recuerdo cuando era estudiante en Chicago que, a veces, cuando iba a pagar mi cuota mensual de la universidad, encontraba que ya estaba paga.

Recuerdo, también, que gente de buen corazón me regaló ropa, me invitaban a sus casas a comer, me llevaban de paseo o compartían la Navidad familiar conmigo. Para un jovencito que vivía a siete mil quinientos kilómetros de sus padres y la ley no le permitía trabajar más de quince a veinte horas a la semana, eso era una gran ayuda y traía alegría al corazón.

Pueden, también, auspiciar a una niña o un niño a través de World Vision o Compassion o quizás pueden auspiciar a algún jovencito que esté en un orfanato de tu ciudad o en algún otro país. Lo importante es que involucres a tus hijos activamente en este tipo de proyecto.

5. Enfoca a la familia en una causa.

Fíjate cuál es la causa benéfica que mueve el corazón de tus hijos y ayúdales a hacer algo positivo al respecto. Pueden ser las misiones nacionales o foráneas, puede ser alguno de los animales en peligro de extinción, puede ser la pobreza en el mundo, puede ser la suciedad y basura en las calles del barrio, o la falta de árboles en la ciudad... ¡hay tantas causas que uno podría apoyar!

Apoya una. No tiene que ser para siempre. Pero es la causa que mueve el corazón de tus hijos hoy. Abrácenla juntos.

6. Hagan un «viaje misionero».

Las iglesias y otras comunidades de fe están animando a sus feligreses a realizar viajes de voluntariado. Muchas los llaman «viajes misioneros», porque viajan a algún lugar con el fin de cumplir con una misión de apoyo comunitario o religioso. Eso se hace tanto a nivel nacional como internacional.

Si no asistes a una comunidad de fe, puedes ofrecer a tu familia como voluntarios en alguna organización de ayuda que no tenga un contexto religioso. Hay muchas y muy buenas. No voy a mencionar ninguna porque me voy a meter en problemas. Busca una que esté activa en tu país.

Ahorra el dinero, levanta los fondos necesarios y llévate a tu familia en uno de estos viajes. Te cambiará la vida a ti y se la cambiará a tus hijos.

7. **Habla y practica tú la generosidad.**

Los hijos nos miran y nos imitan. Si hablamos de ser generosos y dadivosos con toda honestidad y, luego, ponemos esas palabras en práctica, nuestros hijos harán lo mismo. Vivirán una vida «marciana», una vida que no está centrada en ellos mismos y no está apegada a las cosas materiales.

Ellos experimentarán, como lo hicimos Rochelle y yo desde comienzos de los años 1990, el gozo de compartir; la dicha de ver cómo, en nuestro caso, una pequeña inversión hecha a través de los años ha llevado el mensaje de sanidad financiera a decenas de millones de personas alrededor del mundo. De pronto, descubrirán uno de los más increíbles secretos de la vida abundante: *dar es mejor que recibir.*

CAPÍTULO 12

La sabiduría y el crecimiento continuo

«Solo podemos saber que no sabemos nada. Y ese es el grado más alto de sabiduría humana».

León (Lev) Tolstói[1]

LA RANA DEL POZO[2]

Había una vez, una rana que vivía en el fondo de un pozo de agua. El pozo estaba junto a una playa, no muy lejos del mar. Allí había nacido y allí había crecido solita, en el fondo. Con el tiempo, la rana creció y, como no sabía nada sobre el mundo exterior, comenzó a pensar que ella era la rana más inteligente del mundo.

También engordó porque, como era la única rana que vivía en ese pozo, todos los insectos y gusanos que vivían allí eran solo para ella. Vivía una vida muy feliz y estaba contenta.

Un día, una rana que vivía en el mar se perdió y, confundida, terminó cayendo en el pozo de agua del que estamos hablando. Cuando tocó fondo, hizo tanto ruido que le dio un gran susto a la rana del pozo que, justo en ese momento, estaba tomando una siesta.

Entonces, la rana del pozo pensó:

¡Dios mío! ¿Quién es esta rana? Se parece a mí, pero no tiene mi mismo color. Yo soy negra y ella es verde. ¿Quién será esta extraña? Entonces le preguntó a la rana accidentada:

«Discúlpeme, extranjera, ¿cuáles son sus intenciones al entrar en este pozo?».

«¡Hola vecina!», dijo la visitante, «la verdad es que no tenía ninguna intención de entrar en este pozo; soy originaria del mar, pero me perdí y por accidente caí aquí».

La rana del pozo quedó satisfecha con la respuesta de la visitante, pero quería saber más sobre ella y su vida, así que le preguntó:

«Me dijo que usted viene del mar, ¿no es cierto?».

«Sí».

«¿Dónde queda eso?... ¿Es más grande que mi pozo de agua?».

«¡Pero claro! ¿Cómo va a comparar este pequeño estanque con el inmenso mar?».

«Pero... Dígame la verdad: ¿es más grande?».

«Por supuesto que es más grande... ¡Miles de veces más grande que este pequeño pozo!».

La rana del pozo no estaba dispuesta a aceptar la respuesta de la visitante. Ella pensaba que su pozo era el más grande del mundo. Por eso, inmediatamente se dio cuenta de que no le caía bien para nada esta rana que había venido del mar.

«¡Eres una orgullosa y mentirosa!», le dijo la rana negra a la verde. «Tú crees que eres demasiado grande. ¡No hay nada en el mundo que sea más grande que este pozo!».

«Tú piensas eso porque nunca has visto el mar en tu vida. Si vienes conmigo, te puedo llevar para que lo veas», le contestó la extranjera.

«No estoy dispuesta a creer ni una palabra de lo que digas. Tú quieres empujarme al mar y quedarte como la reina de este pozo, ¡eso es lo que quieres hacer! Yo conozco todas estas artimañas... ¡sal de aquí!», finalmente le gritó la rana del pozo.

La rana del mar se sorprendió muchísimo al escuchar estas palabras de su compañera de pozo. Le hubiese querido explicar muchas cosas sobre el mundo afuera del estanque... pero luego pensó que no valía la pena gastar tiempo con los necios y salió del pozo de agua sin decir una palabra.

«¡Jah!», dijo la rana en el pozo, «¡esta ranita verde pensó que soy una tonta!... que me puede tirar al mar y quedarse con mi pozo. Nadie me puede engañar. No hay nada en el mundo más grande que mi pozo de agua».

Y, entonces, nuevamente, la rana del pozo volvió a vivir feliz y en paz comiendo todos los insectos y gusanos del estanque sin que nadie la molestara por el resto de su vida. Sabiendo, en lo profundo de su corazón, que no hay nada más grande en el mundo que su pequeño pozo de agua, construido al costado de una playa, a unos pocos metros del mar.

Esta interesante historia de la India, de finales del siglo XIX, nos ilustra la importancia de estar siempre dispuestos a aprender, crecer y aceptar que puede haber un mundo más grande y diferente al que nosotros conocemos.

Es interesante que la rana en el pozo se sentía perfectamente feliz y físicamente satisfecha viviendo en la ignorancia del mundo afuera de su estanque. La necedad no nos entristece; solo crea problemas al momento de relacionarnos con otras personas. Si queremos salir del fondo del pozo, entonces debemos aprender sobre el mundo exterior para poder entender a los demás.

Algún día, mi abuelito tuvo que dejar atrás la aislada y pequeña aldea en la que vivía en la frontera entre Polonia y Ucrania para tomar un barco hacia el final del mundo y construir en la Argentina un futuro mejor para su familia. Algún día, mi padre tuvo que dejar atrás la impenetrable selva del noreste de mi país para mudarse a la gran ciudad de Buenos Aires, terminar viviendo en un barrio de maravillosos inmigrantes italianos, y construir allí la plataforma que me lanzaría al mundo.

Algún día, tuve que dejar atrás el barrio que tanto amo en el oeste de la ciudad de Buenos Aires, para mudarme a Chicago y comenzar allí un proceso que me llevaría a crear una organización internacional, educar financieramente a más de veinte millones de latinoamericanos y servir como el secretario general de una alianza mundial que opera en más de ochenta países del mundo.

Alguna vez escuché a alguien decir: «Aquello que estés dispuesto a dejar atrás determinará qué tan lejos llegarás en la vida», y esa es una gran verdad.

La gente más exitosa que conozco son personas que crecen continuamente. Se caracterizan por su curiosidad y por su apertura de mente para dejar atrás ideas anticuadas y así aprender nuevos conceptos y nuevas maneras de hacer las cosas. Son flexibles y se adaptan con agilidad a las nuevas circunstancias.

Por otro lado, en mi libro *El hombre más rico del mundo*, explico que *sabiduría* no es lo mismo que *inteligencia*. La Real Academia Española define la palabra *sabiduría* como la «conducta prudente en la vida o en los negocios».[3] Conducirse prudentemente no solo requiere de inteligencia; hace falta juntar la experiencia con el conocimiento y el buen juicio. Una persona puede no tener muchos años de estudio escolar, pero ser una persona sabia.

¿Cuántas personas conocemos que, a pesar de ser muy inteligentes, hacen cosas muy necias? No todos los inteligentes son también sabios. El rey Suleymán (para nosotros, Salomón) era sabio, y esa sabiduría le permitió acumular una cantidad de riquezas como la que el mundo no ha podido volver a ver jamás. Si quieres que te vaya bien en la vida, debes adquirir sabiduría.

Si nuestros hijos van a ser más prósperos que nosotros, entonces vamos a tener que animarlos a que aprendan constantemente, a que tengan su «norte» claro en cuanto a lo ético y moral, a que sean flexibles en la forma en la que entienden que las cosas se deben hacer en la vida y a que se enfoquen en adquirir sabiduría por sobre la inteligencia.

Unos pocos días antes de la Navidad del 2008, ocurrió en la carretera Madrid-Toledo uno de los accidentes en cadena más grandes en la historia de España. Ese 22 de diciembre, entre las ocho de la mañana y las doce del mediodía, ocurrieron cuatro colisiones múltiples, que involucraron a más de cien automóviles, y dejaron noventa y tres muertos en la autopista española.

El problema de fondo estuvo en una niebla muy espesa que cayó sobre una determinada parte de la carretera y dejó casi sin visibilidad a los automovilistas que entraban en esa zona. Para cuando se daban cuenta de los accidentes que había en el camino, no tenían tiempo de maniobrar y terminaban chocando con todo tipo de vehículos esparcidos por la carretera.

En la vida, muchas veces nos pasa lo mismo. Es fácil tomar decisiones cuando el día está soleado y podemos ver a larga distancia. El problema ocurre cuando las tormentas llegan a nuestra vida y no vemos claramente cuál es el rumbo que debemos seguir. Para eso no necesitamos solamente información o educación. Necesitamos la brújula de la sabiduría.

Ella nos ayuda a entender que, por ejemplo, debemos bajar significativamente la velocidad para poder entender el mundo que nos rodea y no acabar estampados contra los restos de algún otro auto en el camino.

Enseña a tus hijos a amar la sabiduría y ellos te lo agradecerán por el resto de sus días.

PREGUNTAS PARA PENSAR EN FAMILIA

¿Por qué será que la rana pensaba que su pozo de agua era el más grande del mundo?

¿Cómo se sentía la rana en el pozo antes de conocer a la rana del mar?

Los sentimientos de la rana, ¿qué nos dice sobre el impacto de la ignorancia en nuestra felicidad?

Es cierto que no saber algo no nos hace infelices. Entonces, ¿dónde está el problema de ser necios y felices?

Vuelve a leer la historia, ¿cuáles son algunas características de la gente necia?

¿Cómo reaccionó la rana que vivía en el mar frente a las preguntas de la rana del pozo?

¿Por qué será que la rana del pozo no quería salir de él?

¿Cómo reaccionó la rana del mar frente a la agresión y las acusaciones de la rana del pozo?

¿Cómo sabemos cuándo nuestros amigos o vecinos están viviendo en un «pozo» de necedad?

PRINCIPIO DE VIDA:

La sabiduría te ayuda, te cuida y te guía a lugares donde tú nunca has estado antes.

ACTIVIDADES PRÁCTICAS

Sugerencias para enseñarles a nuestros hijos a ser más sabios:

1. **Promueve la curiosidad y la aventura.**

   Anima a tus hijos a explorar temas, ideas y lugares que ellos no conocen. Viajen juntos a partes de la ciudad o del país donde ellos no han estado antes. Haz preguntas. Pregunta por la historia de los sitios que visites. Identifica aspectos interesantes (para tus hijos) de esos lugares.

   Miren videos o programas de TV que hablen sobre historia, geografía, ciencia y temas inusuales.

   Cuéntales a tus hijos cómo son la gente en otras partes del mundo o en el interior del país. Si vives en una ciudad grande del continente, visita un barrio étnico y vayan a comer a algún restaurante de comida típica. Prueben nuevos sabores. Traten de entender por qué la gente come de esa manera en esas partes del mundo.

2. **Enseña a tus hijos a «pausar» y «pensar».**

   Ayuda a tus hijos a tomarse un tiempo para pensar si lo que van a hacer es apropiado. Si tiene que ver con dinero, pueden pensar si es una necesidad o un deseo. Pueden preguntarse si tienen el dinero necesario para «gastar» o si lo tienen ahorrado y, si no, de dónde saldrán los recursos.

   Con regularidad, acostúmbrate a hacer preguntas antes de tomar alguna decisión con la familia. Si tus hijos te ven pausar y pensar en voz alta, aprenderán a hacerlo ellos también cuando sean mayores.

De acuerdo con Susan Merrill, de Imom, disminuir la velocidad con la que nuestros hijos toman decisiones y ayudarles a pensar en las consecuencias es el noventa por ciento de la batalla por la sabiduría en sus vidas,[4] y yo estoy totalmente de acuerdo con eso.

3. **Establece un «norte» moral en sus vidas.**

Una vez que tus hijos han pausado y pensado, el siguiente paso es comparar lo que van a hacer con una medida, un «norte». Si su «norte» está claro, es mucho más fácil tomar buenas decisiones. Por ejemplo:

- No contraemos deudas sin pensarlo bien.
- Decimos la verdad, aunque sea inconveniente.
- Hacemos lo justo y lo recto.
- Obedecemos las leyes.
- Abrazamos el orden.
- Honramos y respetamos a nuestros mayores.
- Respetamos a las autoridades.
- Cumplimos con nuestra palabra.
- Reconocemos honestamente nuestras faltas.
- Pedimos perdón cuando fallamos.
- Y otras cosas por el estilo.

Promueve un estándar de conducta y tus hijos sabrán, intuitivamente, qué camino tomar en la vida.

4. **Lee un proverbio salomónico por día.**

Esta idea es algo que, quizás, nunca se te haya ocurrido en la vida. Es un ejercicio que me recomendaron cuando yo era un adolescente, y lo hice por muchísimos años. Me ha servido a mí y también les ha servido a algunos amigos que manejan empresas y organizaciones multimillonarias. Si estás en disposición de seguir mis consejos, este ejercicio les cambiará la vida a tus hijos. Créeme.

El libro de los Proverbios de Salomón tiene treinta y un capítulos. Casi la misma cantidad de días que hay en un mes. Mi desafío es que te consigas una copia de ese libro en una traducción actual, como la Nueva Traducción Viviente o la Versión Popular (Dios Habla Hoy) y comiences a leerles a tus hijos, desde pequeños, un par de proverbios por día, mejor si es todo un capítulo.

Busca el momento apropiado del día para hacerlo, un momento natural en el que la familia esté reunida y dispuesta a escuchar. Puede ser en el desayuno o en la cena. Pero te recomiendo leer estos proverbios regularmente para adquirir una forma particular de pensar.

Anima a tus adolescentes a leer un capítulo por día. Prepara un premio para cuando lo hayan terminado de leer. Si el mes solamente tiene treinta días, lean dos el último día. Promueve la lectura de estos proverbios en la vida de tus hijos. Piénsenlos. Medítenlos. Márquenlos. Tengan con ustedes siempre algo con qué escribir y una libreta en la que anotar sus ideas.

Esta experiencia me ha guiado a mí en nuestra organización internacional y ha guiado a una importante cantidad de multimillonarios en la senda de la prosperidad integral.

Comenzando con el final en mente

«La vida de uno no consiste en la abundancia de los bienes que posee».

Jesús de Nazaret[1]

EL CONCEPTO DE LA PROSPERIDAD INTEGRAL

El segundo hábito que Stephen Covey enseña en su famoso *best seller: Los siete hábitos de la gente altamente efectiva* se llama, justamente, «Comenzar con el final en mente». Eso significa «comenzar cada día, tarea o proyecto con una visión clara de la dirección y el destino deseados, y luego continuar flexionando los músculos proactivos para hacer que las cosas sucedan».[2] De eso se trata este capítulo.

Uno nunca puede llegar a un destino si, primero, no sabe a dónde va. Es importante definir la meta para poder encontrar el camino. Si yo sé dónde estoy y a dónde voy, puedo trazar una ruta.

Es por eso que durante este libro hemos usado la expresión «prosperidad integral» en varias ocasiones, pero, a propósito, no la hemos definido. Hemos dejado esa definición para el final, porque quisiera que «la meta» de la prosperidad en la vida sea la última cosa de la que hablemos... ya que por allí debemos empezar.

Si tienes claro lo que es la prosperidad integral y lo que significa, entonces vas a poder mostrar a tus hijos e hijas el camino hacia ella. Si uno está confundido sobre lo que significa «prosperidad», la meta se pone borrosa y, quizás, nuestros hijos nunca lleguen a disfrutarla.

IDEAS DE *EL HOMBRE MÁS RICO DEL MUNDO*

Al final de mi libro *El hombre más rico del mundo*, justamente incluí un capítulo como este y me gustaría compartir contigo algunos pasajes de allí que creo que son relevantes aquí.[3]

Definir el «éxito» y la «prosperidad» es extremadamente importante porque son conceptos que darán dirección a la vida de tus hijos. Al final de cuentas, ¡por algo compraste este libro! Entender el concepto de la prosperidad es parte de lo que yo llamo «los principios P» o la «brújula» de la vida: principios eternos que van más allá del tiempo y las culturas para guiarnos a una vida mucho más satisfactoria.

Después de recorrer más de tres millones de kilómetros alrededor del mundo y visitar unos cincuenta países, por fin me he dado cuenta de que la «prosperidad», desde el punto de vista económico, debería definirse como «integral» y no solamente como económica o financiera.

Para Prosperar (con «P» mayúscula), uno debe hacerlo en *todas* las áreas de su vida. Uno debe prosperar en el negocio, en las finanzas, en el trabajo... pero también debe prosperar en su relación de pareja y con los hijos.

Debemos rechazar las enseñanzas de los «gurús» del dinero y su énfasis en una filosofía materialista de la vida; debemos abrazar una concepción del éxito mucho más integral.

Para mí, la prosperidad integral es como hornear un buen pastel de manzanas. Si bien es cierto que las manzanas son un componente importantísimo para disfrutar del famoso pastel, no son el único ingrediente. A decir verdad, si uno se olvidara de cosas como, por ejemplo, la harina o el agua, nunca obtendría un pastel al final del proceso.

Un pastel de manzanas requiere de manzanas, pero estas no son lo único que tiene: el pastel necesita agua, harina, azúcar, canela, sal, etc. Lo mismo ocurre con la «prosperidad». El dinero es un ingrediente esencial de la prosperidad, pero no es el único, y, así como no se puede hacer un pastel de manzanas solo con manzanas, tampoco se puede tener «prosperidad» solo con dinero.

Por desgracia, me da la impresión de que cada vez son más los que creen que prosperar está de alguna manera directamente relacionado con la cantidad de dinero que uno gana. Actúan como si el dinero y las cosas materiales estuvieran en el corazón de la buena vida.

Desde los profetas de la prosperidad, pasando por los profesores del materialismo y los periodistas de noticias internacionales, muchos de los personajes influyentes del mundo de hoy están muy afectados por una filosofía que nos ha fallado de forma miserable: la filosofía del materialismo.

Es imposible vivir integralmente bien si uno abraza el materialismo.

Cuando escribí *El hombre más rico del mundo,* me tocó estudiar los dichos del famoso multimillonario Salomón: un hombre que, frente a Israel Inc., había acumulado una riqueza que algunos evalúan en dos billones de dólares[4] (US$ 2.000.000.000.000, dos millones de millones o *two trillion,* como dirían en inglés). Eso es mucho dinero. Especialmente para un emprendedor de Medio Oriente, hace tres mil años atrás.

A pesar de tener una fortuna tan inmensa, este señor dice: «El que ama el dinero, siempre quiere más; el que ama las riquezas, nunca cree tener bastante».[5] El bienestar requiere dinero, pero no es el ingrediente esencial para la buena vida.

Permíteme contarte una historia ejemplo que incluí en un libro titulado *¿Cómo vivir bien cuando las cosas van mal?* y que ilustra perfectamente lo que te estoy diciendo:

Juan Carlos era un conocido asesor legal del presidente de un país latinoamericano. Lo respetaban, apreciaban, escuchaban y reconocían como un líder de pensamiento en su nación. También había hecho algo de dinero. En realidad, bastante. Tenía dos empresas, varios autos, un chofer y, para cuando me vino a ver a mi hotel, estaba a punto de divorciarse de su tercera esposa.

Algo no andaba bien en la vida de mi buen amigo latinoamericano. A pesar de tener fama, fortuna y el respeto de la comunidad, su vida se le estaba cayendo a pedazos. Este es el típico caso de *muchas manzanas y pocos ingredientes.* Es imposible elaborar un *pastel de vida feliz* sin tener todos los componentes necesarios.

En la vida, y en este libro, el concepto de prosperidad y de felicidad que hemos manejado tiene que ver con considerar nuestra vida como un todo, con vivirla de forma equilibrada. A eso lo llamamos «prosperidad integral». Para disfrutar de ella, necesitamos crecer y prosperar con equilibrio en cada aspecto de la vida: trabajo, ingresos, relación de pareja, relación con los hijos, nuestra vida interior, nuestra relación con Dios, etc.

Eso significa que, a veces, para que una parte de nuestra vida crezca, otra debe esperar. Para que mi relación con mis hijos mejore, algunos de mis compromisos tendrán que posponerse. Para que el amor crezca en mi matrimonio, quizá alguna gente tenga que esperar a que vuelva de mis vacaciones. Para que mi vida interior se desarrolle, el resto del mundo no me encontrará por una hora al comienzo de cada día.

La casa puede esperar; los hijos, no. El ascenso en el trabajo puede esperar; mi familia, no. Los compromisos pueden esperar; mi salud, no.

En la actualidad, somos parte de una nueva generación de jóvenes y adultos que han tenido acceso a una mejor educación, mejores trabajos, mejores cuidados de la salud, mejores viviendas que sus mayores y, sin embargo, llegan al punto más alto de la escalera del éxito, como dice Stephen Covey, para darse cuenta de que la escalera está apoyada en la pared equivocada.

Estas personas llegan a la edad de la jubilación, se sientan a la mesa de la cocina y, mientras toman un café con leche por la mañana, el esposo le dice a su esposa: «Yo la conozco a usted... de algún lado la conozco. Ah... usted es la que limpia aquí, ¿no es cierto? Es la que cocina, la que barre y lava la ropa, ¿verdad?».

Hemos vivido juntos, pero no hemos sido *pareja*. Hemos tenido una casa, pero no hemos construido un *hogar*. Hemos acumulado bienes, pero no nos hemos entregado el uno al otro.

Me sorprende ver la cantidad de parejas de nuestro continente que rompe el vínculo matrimonial después de quince o veinte años de casados. Es entonces cuando nos sentimos vacíos. No nos satisfacen los logros alcanzados, y nos damos cuenta de que hemos pagado un precio demasiado alto en lo personal y familiar por el éxito financiero obtenido. Llegamos a la cúpula y descubrimos que estamos solos. Pensábamos que podríamos tocar el cielo con las manos, pero ahora sentimos que no hemos llegado ni a la altura del techo.

Prosperidad es, por tanto, algo muy diferente de lo que nos enseñan los *profetas del materialismo*. La prosperidad integral, o *el bienestar*, como lo llama mi buen amigo boliviano Hoggier Hurtado, es llegar al final de la vida habiendo alcanzado las metas financieras que nos propusimos y, a la vez, poder decirle a nuestra esposa mirándola a los ojos: «El pastel estaba sabroso... ¡y ni siquiera le faltaba sal!».[6]

UNA FILOSOFÍA QUE NOS MATA

«¿Qué es la verdad?», preguntó Poncio Pilato minutos antes de entregar a Jesús de Nazaret para que lo crucificaran. Es interesante notar que, a pesar de haber hecho una de las preguntas más profundas de la humanidad, a Pilato no le interesaba escuchar la respuesta. Se dio media vuelta y salió de la habitación antes de que el Maestro de Galilea le pudiera responder.

Creo que, si contestáramos esa pregunta, podríamos tener una mejor forma de evaluar la vida que vivimos y no sentirnos tan desdichados como nos quieren hacer sentir los medios de comunicación y, a veces, hasta nuestros propios gobiernos.

Este no es un libro filosófico, pero baste decir que la pregunta «¿Qué es la verdad?» la contestan casi siempre las filosofías del mundo. Uno de los pensamientos filosóficos más populares es el materialismo.

El materialismo contesta esta pregunta diciendo: «La verdad es lo que puedo tocar». Eso significa que, en el momento de definir las palabras «prosperidad» y «bendición», un profeta del materialismo siempre va a aportar una definición en términos *materiales* y *positivos*.

No quiero que me malinterpretes: yo creo que el éxito *puede* ser material y positivo, ¡pero hay muchas otras cosas que no se pueden medir con dinero y que forman parte del concepto de prosperidad para nuestras vidas!

El materialista siempre tratará de resolver los problemas del mundo con el dinero. Explicará que una persona pobre es alguien que vive mal. Para mejorar el estándar de vida de un pobre hay que incrementar sus entradas de dinero. Dirá que la pobreza trae tristeza y que, para ser más feliz, la gente debe ganar más dinero. Puede que sí; puede que no.

Yo creo que, si el pobre pertenece al grupo de personas más pobres del mundo (un par de miles de millones viven con menos de dos dólares y medio al día), es probable que un incremento de sus ingresos ayude de manera considerable. Sin embargo, hay muchas maneras de mejorar la vida de las personas sin necesidad de aumentar sus salarios. Por ejemplo: proveyendo educación, cuidado de la salud, un clima de paz en el país, combatiendo en serio la corrupción de los gobernantes y compartiendo con la población los beneficios de una administración excelente de los recursos del país.

Uno puede vivir bien sin tener importantes sumas de dinero en el banco.

Imagínate que es el año 2013 y vives en Colombia. Posees una casita y un auto. Tienes lo suficiente para mandar a tus hijos a estudiar y disfrutas de un cuidado sanitario promedio. Por otro lado, tu cuñado vive en Los Ángeles y gana cinco veces más que tú. ¿Quién vive mejor?

Los gurús del materialismo apuntarán en seguida a la casa mayor que tiene tu cuñado, a los casi 8.000 dólares que el Condado de Orange gasta por estudiante de escuela[7] y al automóvil más nuevo que se compró este año (en realidad, se tuvo que comprar *dos*) para decir que él tiene un «estándar» de vida más alto.

Yo, por mi parte, apuntaría a sus largas horas fuera de casa, al trabajo que tuvo que buscar la esposa para hacer frente al altísimo costo de la vivienda y el transporte, al estrés de pagar las cuotas de todos los nuevos «juguetes» que se compró cuando se mudó a California y a las serias peleas matrimoniales que tiene con regularidad. Considerando esos aspectos, yo colocaría un signo de interrogación en esa rápida evaluación del materialista.

Si ganar más dinero implica un mejor estándar de vida, los estadounidenses o los suizos estarían en lo más alto del mundo. Sin embargo, a pesar de que el salario medio estadounidense en el 2018-2019 estaba casi 18.000 dólares por encima del salario dinamarqués,[8] Dinamarca era el segundo (Canadá era el primero) entre los diez países con mejor calidad de vida del mundo, ¡mientras que Estados Unidos ni siquiera aparecía en la lista![9]

UNA HISTORIA DESAFIANTE

Hace años, cuando trabajaba para una organización llamada *Christian Financial Concepts*, fundada por el doctor Larry Burkett (1939-2003), escribí una serie de casos de estudio con el propósito de capacitar a líderes del continente. Uno de ellos era el de José y Cristina. Te lo voy a contar. Este caso nos muestra con claridad que ganar más dinero y vivir en un país más rico no siempre lleva a una vida mejor:

José y Cristina deciden mudarse con sus tres hijos a Estados Unidos para comenzar una nueva vida. Al llegar, José encuentra un buen trabajo que paga 8 dólares la hora (1600 dólares al mes). Con esa pequeña fortuna, Cristina cree que las cosas van a andar mucho mejor para su familia de lo que andaban en su país.

Sin embargo, pronto José se da cuenta de que con 8 dólares la hora solo trae 1200 dólares cada fin de mes a su hogar (porque le descuentan los impuestos). Entonces, descubre que debe tomar de su salario 850 para pagar el alquiler, 230 para pagar el auto y 200 para la luz, el agua y el teléfono. De pronto, se percata de que su salario no le alcanza para comer.

Cristina, entonces, decide salir a trabajar. Cuando averigua cuánto le va a costar el cuidado de sus tres niños pequeños, descubre que le cobran 3 dólares la hora por niño.

Multiplicando 3 dólares por 3 niños, por 100 horas de trabajo, todo esto se traduce en más de 900 dólares al mes, ¡solo en el cuidado de los niños!

Así que José y Cristina deciden trabajar turnos alternos. Él trabaja de día y ella lo hace de noche. Con eso, estabilizan la economía familiar y hasta se pueden comprar algunos «lujos», como un nuevo televisor, un sistema de sonido, un auto, salir de vacaciones y mantener un estándar de vida de clase media.

No obstante, después de varios años en el país, comienzan a hacerse patentes ciertos problemas: hay frialdad en la relación matrimonial, el niño mayor no anda bien en la escuela, los dos menores se enferman con regularidad, las deudas han aumentado y ahora deben 150.000 dólares de su nueva casa, 12.000 de un auto y 16.000 dólares del otro.

Además, tienen varias tarjetas de crédito que están llegando a su límite por un total de 17.000 dólares, tienen varias deudas con amigos, algún que otro mal negocio en el que se involucraron buscando dinero fácil, y las peleas en el hogar son incesantes. Ya no hay dinero que alcance. Han estado, incluso, hablando de divorcio.[10]

Lo lamentable es que, cuanto más servimos a la población hispanohablante de Estados Unidos y Europa, más nos damos cuenta de que este tipo de historias no son la excepción a la regla. Me dicen mis amigos latinoamericanos: «Vinimos a esta tierra buscando el cumplimiento del sueño americano, y ahora ese sueño se nos convirtió en pesadilla».

EL DINERO Y LA FELICIDAD

Ahora que vivo en Estados Unidos, me he dado cuenta de algo muy interesante: es más divertido tener dinero que no tenerlo. Pido disculpas a aquellos que piensan diferente, pero... ¡esa es la verdad!

Yo crecí en un barrio muy normal del oeste de la ciudad de Buenos Aires. En mi niñez (y aun antes de que yo viniera al mundo), mi familia padecía importantes limitaciones económicas.

Sin embargo, ahora que soy «el doctor Andrés Panasiuk» (los doctorados son honorarios), conferencista internacional, autor de libros *best sellers* de mi casa publicadora y asesor de empresarios y de gente de gobierno, tengo amigos que tienen mucho, pero mucho dinero. Entonces, me he dado cuenta de que ¡tener dinero es más divertido que no tenerlo!

Eso es porque, cuando uno tiene importantes sumas de dinero a su disposición y necesita una casa, simplemente busca el lugar que más le agrada, la casa que satisface esas necesidades y la compra. Para nosotros, el resto de los «mortales», representaría un largo proceso y mucho sacrificio. Para alguien con una importante cantidad de activos, es simplemente una elección entre comprar o construir la casa de sus sueños.

Si nosotros queremos comprarnos un automóvil, debemos hacer cálculos, ver si podemos pagar las cuotas, considerar el mantenimiento, el costo de la gasolina... Para una persona con una importante cantidad de dinero, la cosa es encontrar el tipo de transporte que la familia necesita (no siempre el más caro) y simplemente comprarlo. El dinero no es tan relevante.

Cuando uno tiene dinero puede tener, entonces, la casa que más le gusta, el auto que quiera, hacer viajes que siempre ha soñado, organizar fiestas con amigos regularmente y tener experiencias con las que uno ni siquiera ha soñado cuando era niño. Definitivamente: tener dinero es más divertido que no tenerlo.

Ahora bien, uno nunca debería confundir *diversión* con *felicidad*. Diversión es una cosa. Felicidad es otra totalmente diferente. «Felicidad» es un estado del alma, y no tiene nada que ver con la cantidad de dinero que uno tenga. Felicidad también es una decisión personal. Cada uno de nosotros debe decidir, por sí mismo, ser feliz en el lugar económico en el que se encuentre.

Yo no puedo tomar esa decisión por ti. Tú la tienes que tomar, allí donde estás. Pero tú la *puedes* tomar: tú puedes decidir *hoy mismo* ser feliz con la vivienda que tienes, ser feliz con el transporte que tienes, con la ropa que tienes, con el esposo o la esposa que Dios te ha dado y la familia que Dios te ha regalado. Tú puedes hacerlo, y te va a cambiar la vida.

Eso se llama «vivir en contentamiento»: aprender a ser feliz en el lugar socioeconómico en el que la vida te ha colocado. Yo no estoy hablando de conformismo. Estoy hablando de contentamiento. Cuando vivimos en contentamiento, aprendemos a ser felices en el lugar económico en el que estamos hoy. Si el año que viene tenemos más, estaremos felices. Si en cinco años lo perdemos todo, el dinero y las cosas materiales no afectarán el gozo del corazón.

Ese tipo de actitud salva relaciones, salva matrimonios y salva vidas.

La meta final: vivir en abundancia.

El materialismo nos dice que, si bien el dinero no hace la felicidad, ¡por lo menos ayuda!

Yo no estoy muy convencido de eso. La gente que piensa de esa manera diría, por ejemplo, que una familia que está recibiendo cinco veces más salario en Nueva York que cuando vivía en la República Dominicana, debe estar viviendo mejor. Eso es una mentira. Solo vivimos mejor si sabemos cuáles son los ingredientes de una mejor vida.

La prosperidad integral (o «vivir en abundancia») no necesariamente apunta a un incremento en la cantidad de dinero ni en los bienes acumulados.

Vivir nuestra vida y vivirla de manera abundante implica que aprendamos a disfrutar los momentos en los que vemos a nuestros niños jugar en el patio de la casa; emocionarnos al repetir el Padrenuestro con ellos junto a sus camas y darles el besito de las buenas noches. También significa preocuparnos por la vida de la gente, ayudar a pintar la casa del necesitado, arreglarle el auto a una madre sin esposo y escuchar en silencio hasta cualquier hora de la noche el corazón dolido del amigo.

Vivir en abundancia significa extender nuestra mano de ayuda a los pobres, aprender a restaurar al caído y sanar al herido. Significa, para los hombres, poder mirar a nuestra esposa a los ojos y decirle con sinceridad: «Te amo»; poder llegar a ser un modelo de líder-siervo para nuestros niños. Significa dejar una marca más allá de nuestra propia existencia.

Este concepto de la felicidad y la satisfacción personal poco tiene que ver con las enseñanzas de los comerciales televisivos que ven nuestros hijos ni con los evangelistas del materialismo. Poco tiene que ver con lo que se enseña en los círculos afectados por los medios de comunicación social de la actualidad. Si en algo estoy de acuerdo con esa frase que mencioné antes, es en que el dinero no hace la felicidad y, para ser sincero, no sé cuánto ayuda.

Cuando encamines a tus hijos por el sendero de la prosperidad integral, deberás enseñarles, desde niños, que «bienestar» significa «estar bien» en todas las áreas de nuestra vida. Debes ser ejemplo de contentamiento en tu vida y definirles la meta claramente.

Si ellos entienden los componentes de una vida abundante (de la prosperidad integral, del bienestar), entonces podrán tomar decisiones en el curso de los años por venir que los lleven a prosperar equilibradamente. Aprenderán a sacrificar las cosas intrascendentes para poder adueñarse de las trascendentes.

Estarán dispuestos a sacrificar tiempo y esfuerzo, por amor a la libertad. Sacrificar lo temporal, en presencia de lo eterno. Perder algunas cosas materiales, para no perder el alma. Caminar en la senda de la movilidad ascendente, sin perder al compañero de camino.

«Uno puede llevar un caballo hasta el río, pero no puede hacerle beber», dice un dicho tradicional norteamericano. Esa es una gran verdad.

Nuestra tarea como padres no es asegurar la prosperidad de nuestros hijos. Es llevarlos de camino al río. Aquí te he dado el mapa. Lo he puesto en tus manos. Llévalos a beber del río de la Vida. Y, si beben de él, la historia generacional de tu familia nunca será igual.

Notas

Una carta personal...

1. Lawrence E. Harrison, *El sueño panamericano. Los valores culturales latinoamericanos: ¿desalientan una asociación auténtica con Estados Unidos y Canadá?* (Buenos Aires: Ariel, 1999).

Historias de pobres y ricos

1. Kerry A. Dolan, en Forbes.com, https://www.forbes.com/sites/kerryadolan/2014/07/08/how-the-stroh-family-lost-the-largest-private-beer-fortune-in-the-u-s/#19f839e93d13. Publicado en la revista Forbes, 14 julio de 2014.
2. Marc Levinson, *The Great A&P and the Stuggle for the Small Business in America* (Nueva York: Hill and Wang, 2011).
3. Lisette Voytko, *Designer Gloria Vanderbilt, Mother Of Anderson Cooper, Dies At 95*, en Forbes.com, https://www.forbes.com/sites/lisettevoytko/2019/06/17/gloria-vanderbilt-designer-and-mother-to-anderson-cooper-dies-at-95/#144cd1087f5e.
4. Rey Salomón. Proverbios, capítulo 27, versículos 23 y 24 (DHH). Siglo X a. c.
5. Darlinton Omeh, en Wealthresult.com, https://www.wealthresult.com/wealth/top-10-richest-men-of-all-time-in.
6. Se puede leer esta interesante historia en el libro de 2 Crónicas, capítulo 10, versículos 1 al 19 en la sección del Antiguo Testamento de la Biblia.
7. Thomas J. Stanley y William D. Danko, *The Millionaire Next Door* (New York: Pocket Books, 1996), p. 257 [*El millonario de al lado* (Atlántida Publishing, 2009)].
8. Jacquelyn Smith y Rachel Gillett, en Inc.com (actualizando un artículo originalmente escrito por Vivian Giang), *17 Billionaires Who Started Out Dirt*

Poor -When in need of inspiration from real life rags-to-riches tales, look to these CEOs, https://www.inc.com/business-insider/billionaires-who-went-from-rags-to-riches.html.

Mentalidad de pobreza y mentalidad de abundancia

1. Moisés (según la tradición hebrea). Génesis, capítulo 1, versículo 27 (*Bereshit*) y Génesis capítulo 2. Libros de la Ley (*Torá*). Siglo XV A. C.
2. Andrés Panasiuk, *¿Cómo llego a fin de mes?* (Nashville, TN: Grupo Nelson, octubre, 2000). (Historia adaptada y actualizada por el autor).
3. Maité Barneto y Navarro Villoslada, *Economía 2.0 para Bachillerato*, https://sites.google.com/site/economia20parabachillerato/temario/tema-1-el-problema-basico-de-la-economia/6-definiciones-de-economia.
4. Saulo de Tarso. Filipenses, capítulo 4, versículo 19. Siglo I D. C.
5. Charles C. Mann, *Smithsonias Magazine*, enero 2018, https://www.smithsonianmag.com/innovation/book-incited-worldwide-fear-overpopulation-180967499/.
6. David Lam, «How the World Survived the Population Bomb: Lessons From 50 Years of Extraordinary Demographic History», US National Library of Medicine, National Institutes of Health, 19 septiembre del 2013, https://www.ncbi.nlm.nih.gov/pmc/articles/PMC3777609/.
7. Joe Hasel y Max Roser, *Famines* [Hambrunas]. Our World Data, 7 diciembre del 2017, https://ourworldindata.org/famines.
8. Esta es una población en la actual Provincia de Misiones, en el noreste de la República Argentina.
9. Andrés Panasiuk, entrevista telefónica y grabación recibida el 10 de julio del 2019.
10. Pablo de Tarso. Romanos, capítulo 12, versículo 2. Siglo I D. C.

Una cultura que abraza la prosperidad

1. Lawrence E. Harrison, *Cultural Capital Defined*. The Social Contract. Primavera del 2015, http://www.thesocialcontract.com/pdf/twentyfive-three/tsc25_3_harrison_2.pdf.

Capítulo 1. La responsabilidad personal

1. Eleanor Roosevelt, Goodreads, https://www.goodreads.com/quotes/tag/personal-responsibility.
2. Jack Canfield, «The Key to Success? Personal Responsibility», Today, 20 enero del 2015, https://www.today.com/parents/key-success-personal-responsibility-wbna6847246.
3. Profeta Samuel (tradición judaica). Historia del autor adaptada de 1 Samuel, capítulo 15. Siglo VI A. C.
4. Profeta Samuel (tradición judaica). Historia del autor adaptada de 2 Samuel, capítulo 24. Siglo VI A. C.

5. James Lehman, «Teach Your Child Responsibility: 7 Tips to Get Started», EmpoweringParents.com, https://www.empoweringparents.com/article/teflon-kids-why-children-avoid-responsibility-and-how-to-hold-them-accountable/.

6. L. S. Vygotsky, *Mind in Societ* (Cambridge: Harvard University Press, 1978), p. 85. Citado en: https://www.nap.edu/read/9853/chapter/7#81. Originalmente, del libro *How People Learn: brain, mind, experience and school* (Washington D.C.: *National Academy of Sciences,* 2000), p. 80.

7. John Selden, *Table-Talk* (Londres: John Russell Smith, Soho Square, 1856), p. 127, punto 13.

8. Ralph Waldo Emerson, *Social Aims* (Ensayo escrito en 1875).

9. Albert Schweitzer, «Quotes by Albert Schweitzer», The Albert Schweitzer Fellowship, http://www.schweitzerfellowship.org/about/albert-schweitzer/quotes-by-albert-schweitzer/.

Capítulo 2. El amor al trabajo

1. Rey Salomón. Proverbios, capítulo 22, versículo 29. Literatura sapiensal. Siglo X A. C.

2. Adaptación de una historia que los padres les cuentan a sus hijos en la India, http://www.ezsoftech.com/stories/mis22.asp.

3. Nombre árabe que significa «rey» o «emperador». Viene del nombre romano «César».

4. Nombre árabe que significa «amado», «consentido».

5. *Ziziphus mauritiana.* También llamado Kul, Ber, Ginjoler de l'India, Ciruela India o, en Venezuela, Ponsigué. Si lees inglés y quieres tener más información sobre este árbol de frutas tropical, mira el AgroForestryTree Database, http://www.worldagroforestrycentre.org/sea/Products/AFDbases/af/asp/SpeciesInfo.asp?SpID=1723.

6. Tomado de Andrés G. Panasiuk, *Una esperanza y un futuro* (Nashville: Grupo Nelson, 2014), pp. 37-39.

7. Rey Salomón. Proverbios, capítulo 10, versículo 4. Literatura sapiensal. Siglo X A. C.

8. Salomón. Proverbios, capítulo 12, versículo 24.

9. Salomón. Proverbios, capítulo 12, versículo 27.

10. F. L. Emerson, *Reader's Digest,* marzo 1947. Ver *The Yale Book of Quotations,* ed. Fred R. Shapiro (New Haven, Conn.: Yale University Press, 2006). A Emerson, en realidad se lo cita diciendo: «*I'm a great believer in luck. The harder I work, the more of it I seem to have*». Esta es una traducción y adaptación del autor. Para mayor información, ver: http://www.monticello.org/site/research-and-collections/i-am-great-believer-luckquotation.

11. Tomado de Panasiuk, *Una esperanza y un futuro,* p. 43.

12. Consejo de Coaches de Forbes, *15 Soft Skills You Need To Succeed When Entering The Workforce,* Nueva York, 22 enero del 2019, https://www.forbes.com/sites/forbescoachescouncil/2019/01/22/15-soft-skills-you-need-to-succeed-when-entering-the-workforce/#2c0f720410ae.

13. Saulo de Tarso. Romanos, capítulo 12, versículo 15. Siglo I d. c.
14. Panasiuk, *Una esperanza y un futuro*, p. 46.

Capítulo 3. La perseverancia

1. Oliver Goldsmith, *The Citizen of the World: or, Letters from a Chinese Philosopher, Residing in London, to His Friends in the East by Lien Chi Altangi* (nombre ficticio de Oliver Goldsmith)]. (Dublin, Irlanda: Ewing, 1762). Cartas VII y XXII, https://quoteinvestigator.com/2014/05/27/rising/.
2. Esopo, La liebre y la tortuga. Fábulas de Esopo. Grecia, siglo VI a. c. Traducida del inglés y adaptada por el autor, http://aesop.pangyre.org/fable/the-hare-and-the-tortoise.html.
3. Los treinta sabios. Proverbios, capítulo 22, versículos 15 y 16. Literatura sapiensal. Siglo X a. c.
4. Jeff Rose, *9 Famous People Who Went Bankrupt Before They Were Rich*, New York, Revista Forbes, 19 de febrero del 2019, https://www.forbes.com/sites/jrose/2019/02/19/9-famous-people-that-went-bankrupt-before-they-were-rich/#f52d25141cf2.

Capítulo 4. El orden

1. Edmund Burke, *Reflections on the Revolution in France* (Pall Mall, Londres: James Dodsley, noviembre 1790), p. 126 (copia personal del autor). [*Reflexiones sobre la revolución de Francia* (México: Universidad Autónoma de Nuevo León, 1826)].
2. *The Apple Dumpling Story*. Historia tradicional inglesa. Traducida y adaptada por el autor, https://www.storiestogrowby.org/story/early-reader-apple-dumpling-short-story/.
3. Pablo. 1 Timoteo, capítulo 5, versículo 18. Siglo I d. c.
4. Thomas J. Stanley y William D. Danko, *The Millionaire Next Door* (NuevaYork: Pocket Books, 1996), p. 1 [*El millonario de al lado* (Atlántida Publishing, 2009)].
5. Bureau of Engraving and Printing. U.S. Department of Treasury. Código Civil de los Estados Unidos, Título 18, Sección 474, https://www.moneyfactory.gov/resources/lawsandregulations.html.
6. Atribuido a San Lucas, citando a Pablo de Tarso que, a su vez, cita a Jesús de Nazaret. Hechos 20:35. Siglo I d. c. (Adaptación del autor).
7. Rey Salomón. Proverbios, capítulo 11, versículos 24 y 25. Literatura sapiensal. Siglo X a. c.

Capítulo 5. La moderación

1. Marcus Tullius Cicero, Siglo I a. c., https://www.allgreatquotes.com/quote-287694/.
2. Thomas Oppong, Thrive Global—A Medium Corporation. *Lagom: How The Swedish Philosophy For Living a Balanced, Happy Life Can Help You Live*

a Meaningful Life. La frase significa, literalmente: «la cantidad apropiada es la mejor». 31 de enero del 2018, https://medium.com/thrive-global/lagom-the-swedish-philosophy-for-living-a-happy-life-might-just-help-you-live-a-more-balanced-and-9bed612b4f7c.

3. Séneca, Lucius Annaeus. Siglo I D. C., https://www.brainyquote.com/quotes/lucius_annaeus_seneca_164340?src=t_moderation.

4. Paul Chernyak, *Teaching Kids About Moderation*, Chicago, 29 de marzo del 2019, https://www.wikihow.mom/Teach-Kids-About-Moderation.

Capítulo 6. El ahorro

1. Benjamin Franklin, *Poor Richard's Almanac*, 1737, https://www.fi.edu/benjamin-franklin/7-things-benjamin-franklin-never-said. (Traducido y adaptado por el autor).

2. Mediacorps News Channel, CNA Insider, *An Earthworm a Day*. Singapore, Canal YouTube *NewsAsia Connect*. Historia basada en un video publicado el 13 de abril del 2015, https://youtu.be/u4DJ9LNm78g.

3. Pablo de Tarso. 1 Timoteo, capítulo 6, versículo 10. Siglo I D. C.

4. Finerio, https://blog.finerio.mx/blog/10-juegos-de-finanzas-para-ninos. 30 de abril del 2018.

Capítulo 7. El amor a la libertad

1. Rey Salomón. Proverbios, capítulo 22, versículo 7. Literatura sapiensal. Siglo X A. C. (NTV).

2. Pedro Pablo Sacristán, Cuentos para dormir, El tigre sin color. (Adaptado por el autor), https://cuentosparadormir.com/infantiles/cuento/el-tigre-sin-color.

3. Alex Veiga, «Divorce Causes: How to Avoid Money Problems In Your Marriage», New York, *Huffington Post*, 17 de mayo del 2012, http://www.huffingtonpost.com/2012/05/16/avoiding-marriages-no-1-p_n_1521232.html.

4. Shannon Ryan, *How to Teach Your Kids to Think about Debt*, The Heavy Purse. (Preguntas traducidas y adaptadas por el autor), https://www.theheavypurse.com/how-to-teach-your-kids-to-think-about-debt/.

5. San Juan, evangelista citando a Jesús de Nazaret. Juan, capítulo 8, versículo 32. Siglo I D. C.

6. Ibíd., versículo 36.

Capítulo 8. La humildad

1. San Agustín. Siglo V D. C., https://frasesbreves.com/san-agustin-de-hipona/.

2. Fábula escrita por el autor, basada en una historia tomada de Liz Story Planet. *The Lion and The Mouse*, https://www.lizstoryplanet.com/moral-stories-kids-kindness/the-lion-and-the-mouse/.

3. Rick Warren, *Una vida con propósito. ¿Para qué estoy aquí en la tierra?* (Miami, Fl.: Editorial Vida, 2015).

4. Pablo de Tarso. Filipenses, capítulo 2, versículos 3 y 4. Siglo I D. C.

5 Confucio, *Books of the Kings*, citado por Israel Smith Clare en *Library of Universal History* (Nueva York y Chicago: Union Book Company, 1899), p. 539.

Capítulo 9. La integridad personal

1. Mark Twain (nombre real: Samuel Langhorne Clemens), *Mark Twain's Notebook* (Una nota encontrada en su diario y escrita en enero o febrero del 1894) (Nueva York: Harper & Brothers, 1935), p. 240.

2. Elaine L. Lindy, La vasija vacía. Historia tradicional de la China publicada en *Stories to Grow By* (Traducida y adaptada por el autor), https://www.storiestogrowby.org/story/early-reader-empty-pot-short-story-kids/.

3. Marcel Schwantes, citando a Warren Buffett, *Warren Buffett Says Integrity Is the Most Important Trait to Hire For*, https://www.inc.com/marcel-schwantes/first-90-days-warren-buffetts-advice-for-hiring-based-on-3-traits.html.

4. Andrés G. Panasiuk, *El hombre más rico del mundo* (Nashville: Grupo Nelson, 2018), pp. 138-40.

5. Moisés. Éxodo, capítulo 23, versículo 8. Siglo VII o XV A. C.

6. Rey Salomón. Proverbios, capítulo 11, versículo 3. Literatura sapiensal. Siglo X A. C.

7. Ibíd., capítulo 12, versículo 22.

8. Ibíd., capítulo 21, versículo 3.

9. Ibíd., capítulo 28, versículo 6.

10. Autor anónimo. Proverbio tradicional judío, http://quotecorner.com/Jewish-proverbs-5.html. Tomado el 23 de julio del 2019.

11. Henry Wadsworth Longfellow, Leadership Now. (Traducción y adaptación del autor), https://www.leadershipnow.com/integrityquotes.html.

12. Hannah Arendt, Leadership Now (Traducción y adaptación del autor), https://www.leadershipnow.com/integrityquotes.html.

13. Confucio. Siglo V A. C., https://www.optimize.me/quotes/confucius/21759-to-know-what-is-right-and-not-do-it-is/.

14. Mahatma Gandhi, Leadership Now. (Traducción y adaptación del autor), https://www.leadershipnow.com/integrityquotes.html.

15. Alexander Solzhenitsyn, en el Archipiélago de Gulag, Leadership Now. (Traducción y adaptación del autor), https://www.leadershipnow.com/integrityquotes.html.

16. Marco Aurelio, *Las Meditaciones*, Libro 12, traducido al inglés por George Long (Roma, año 167 A. C.) (Frase traducida y adaptada por el autor), http://classics.mit.edu/Antoninus/meditations.12.twelve.html.

17. Dwight Lyman Moody (Traducido y adaptado por el autor), http://www.famousquotes123.com/dwight-l-moody-quotes.html.

18. *Inspire My Kids*, http://www.inspiremykids.com/2016/great-quotes-kids-integrity-character-making-good-choices/.

19. Albert Schweitzer, *Quotes by Albert Schweitzer,* The Albert Schweitzer Fellowship, http://www.schweitzerfellowship.org/about/albert-schweitzer/quotes-by-albert-schweitzer/.

Capítulo 10. El respeto a Dios y al prójimo

1. San Mateo citando a Jesús de Nazaret. Mateo, capítulo 8, versículos 37 y 39. Siglo I D. C.
2. Pew Research Center—Religious and Public Life, *The Future of World Religions: Population Growth Projections 2010-2050—Latin America and the Caribbean,* 2 abril 2015, https://www.pewforum.org/2015/04/02/latin-america-and-the-caribbean/.
3. San Juan Apóstol. Juan, capítulo 15, versículo 13. Siglo I D. C.
4. KARE 11 News TV. Video que comparte la historia de Chris Schultz, de 31 años, quien falleció salvando la vida de su hijo horas antes del Día del Padre, en Detroit Lakes, MI (EE. UU.), https://youtu.be/pzROMQyT-rY, 17 de junio del 2019.
5. Pablo de Tarso. Romanos capítulo 13, versículo 10. Siglo I D. C.
6. Joey Marshall, Pew Research Center—Religious and Public Life. *Are religious people happier, healthier? Our new global study explores this question,* 31 enero 2019, https://www.pewresearch.org/fact-tank/2019/01/31/are-religious-people-happier-healthier-our-new-global-study-explores-this-question/.
7. San Lucas. Lucas, capítulo 6, versículo 31. Siglo I D. C.
8. San Lucas. Lucas, capítulo 6, versículos 27–36. Siglo I D. C.
9. Pablo de Tarso. Romanos, capítulo 12, versículo 15. Siglo I D. C.

Capítulo 11. La generosidad

1. Jacques-Yves Cousteau, citado por la doctora Toni Bernhard. «20 Quotations on Generosity—a Profound Act of Kindness». *Psychology Today,* 31 agosto 2014, https://www.psychologytoday.com/us/blog/turning-straw-gold/201408/20-quotations-generosity-profound-act-kindness.
2. Andrés Panasiuk, Historia escrita y adaptada por el autor, basada en una nota escrita por los editores del *Reader's Digest.* «17 Extraordinary Stories of Giving—From People Just Like You and Me», https://www.rd.com/true-stories/inspiring/extraordinary-generosity/.
3. Brice McKeever, *The Non-Profit Sector in Brief 2018,* 13 de diciembre del 2018, https://nccs.urban.org/publication/nonprofit-sector-brief-2018#the-nonprofit-sector-in-brief-2018-public-charites-giving-and-volunteering.

Capítulo 12. La sabiduría y el crecimiento continuo

1. León Tolstói, Wisdom Quotes: *458 Fascinating Wisdom Quotes from the Best Minds (Ever).* Tomado del libro Война и мир [Guerra y Paz], Capítulo XXVI, publicado en 1869, http://wisdomquotes.com/words-of-wisdom/.

2. Swami Vivekananda, *The Frog in the Well* (Historia traducida y adaptada por el autor). Siglo XIX d. c., https://youtu.be/TqdUSNeuz3w.

3. Definición de la palabra «sabiduría», Diccionario en línea de la Real Academia Española, http://dle.rae.es/srv/fetch?id=WtBahTM.

4. Susan Merrill, *Good Character for Kids: How to Teach Wisdom to Your Kids*, Imom, https://www.imom.com/good-character-for-kids-how-to-teach-wisdom-to-your-kids/#.XTul4-hKg2w.

Comenzando con el final en mente

1. Jesús de Nazaret. Citado en el Evangelio según San Lucas capítulo 12, versículo 15. Siglo I d. c. Traducción «Jubilee 2000». Cita original: «La vida del hombre no consiste en la abundancia de los bienes que posee», rvr1960. (Adaptación del autor). (Abbotsford, WI: Life Sentence Publishing, 2000).

2. Stephen Covey, Franklin Covey. *Habit 2: Begin With The End in Mind*® [Hábito 2: Comenzar con el final en mente], https://www.franklincovey.com/the-7-habits/habit-2.html.

3. Andrés G. Panasiuk, *El hombre más rico del mundo* (Nashville: Grupo Nelson, 2018), pp. 206-16.

4. Darlinton Omeh, en https://www.wealthresult.com/wealth/top-10-richest-men-of-all-time-in.

5. Rey Salomón. Eclesiastés capítulo 5, versículo 10. Literatura sapiensal atribuida a Salomón. Siglo X al V a. c.

6. Andrés Panasiuk, *Cómo vivir bien cuando las cosas van mal* (Miami: Editorial Unilit, 2012), pp. 6-7.

7. *Reports on the Condition of Children in Orange County, 2013. Average Dollar Spenditure per Pupil*. Los Ángeles, CA, pp. 100, 101 y 180.

8. Salario promedio en EE. UU., US$47.060, https://www.thebalancecareers.com/average-salary-information-for-us-workers-2060808. Salario promedio en Dinamarca, US$29.606, http://www.oecdbetterlifeindex.org/countries/denmark/.

9. Maps of the World. *Which Countries Have the Best Quality of Life*, https://www.mapsofworld.com/world-top-ten/world-top-ten-quality-of-life-map.html.

10. Andrés Panasiuk, Caso de estudio de ficción creado para seminarios y conferencias personales del autor.

Agradecimientos

Ningún libro es obra de una sola persona.

Por eso, nuevamente, quisiera expresar mi gratitud a todos aquellos amigos, miembros actuales y pasados de HarperCollins y Grupo Nelson que, desde el año 2000, han sido fieles compañeros de camino en la tarea de llevar sanidad financiera a cientos de miles de individuos y familias de habla hispana alrededor del mundo.

A mis amigos de Cultura Financiera en todo el continente. Este libro nunca hubiese sido una realidad sin ellos.

A mi esposa Rochelle, compañera de vida y cómplice en la empresa de llevar a nuestros hijos por el camino de la prosperidad integral. Ella es la principal responsable de que yo haya aprendido a disfrutar del aroma de una rosa en primavera.